Petticoat und Gummistiefel

Maria Volkermann

Petticoat und Gummistiefel

Eine Landkindheit an der Ostsee

COBRA

(c) 2015 by Cobra Verlag
Inhaberin: Silke Hars
Rotschenkelweg 8
25813 Husum
Telefon: 0 48 41 - 66 22 86 6
Telefax: 0 48 41 - 66 22 98 9
E-mail: cobraverlag@web.de
Internet: www.cobraverlag.de

Druck und Bindung
Druckhaus Leupelt, 24976 Handewitt

ISBN 978-3-937580-79-1

In Liebe für Jessy

Danksagung

Ich danke meinem Mann Willi für seinen fachkundigen Rat in allen landwirtschaftlichen und computertechnischen Fragen, meinen Brüdern für Lob und konstruktive Kritik, besonders aber Detlef, der mich ermutigt hat, immer weiterzumachen. Ich danke meinen Söhnen und meinen Freundinnen für die Geduld, sich meine Geschichten anzuhören oder sie zu lesen, besonders aber Thomas und Anne für das Korrekturlesen. Elisabeth danke ich für die Molkereiabrechnungen und Hartmut für den guten Rat.
Ein allgemeiner Dank gilt all den Menschen, die, teilweise mit geänderten Namen, in diesem Buch vorkommen und mein damaliges Leben begleitet haben.
Ich danke insbesondere meiner Verlegerin Silke Hars und dem Cobra Verlag. Mein herzlichster Dank geht an Jürgen Rust, der mit Interesse und großem Engagement dafür sorgte, dass aus dem Manuskript ein Buch entstehen konnte.

Vorwort

Hoch im Norden Deutschlands liegt die reizvolle Landschaft Angeln. Sie ist begrenzt durch die Flensburger Förde, durch die Ostsee und im Süden durch die Schlei, eine tief ins Land schneidende Förde, die bis an die Stadt Schleswig reicht. Im Westen läuft sie in den sandigen Hügeln der Geest aus.
Die beiden Förden sind Tunneltäler der letzten Eiszeit, welche auch das hügelige Grundmoränengebiet zurückgelassen hat. Geblieben sind auch die zahllosen großen und kleinen Findlinge, die verstreut in der Landschaft liegen und den Bauern das Ackern schwer machen. Der Westteil des Landstriches unterscheidet sich vom östlichen Teil durch vom Gletscher aufgeschobene flache Sandgebiete: die Geest. Hier findet man noch Moore und Heidelandschaften. Der magere Boden erlaubt in dieser Gegend nur eine extensive landwirtschaftliche Nutzung. Es gedeiht kein Weizen, dafür aber baut man wohlschmeckende Kartoffeln an. Wohlhabende Bauern waren hier eher selten zu finden.
Im Gegensatz dazu ist der Boden im Ostteil Angelns schwerer und ertragreicher, und so entstanden zahlreiche Dörfer mit stattlichen Bauernhäusern, umgeben von saftigen Weideplätzen für die rotbraunen Angeliter Rinder, und Ackerflächen, auf denen reiche Ernten heranwuchsen. Die Felder und Äcker waren umgeben von Knicks. Das sind aufgeschüttete Wallhecken, auf denen Büsche und Bäume wachsen. Diese Knicks verhindern die Bodenerosion durch den ständig wehenden Wind. Sie bieten vielen Tieren Lebensraum und

Schutz. Etliche dieser als lästig empfundenen Wallhecken wurden gerodet und entfernt, um die Ackerflächen zu vergrößern, mit negativen Folgen für den Boden und für die Fauna und Flora. Als schlechtes Beispiel dient hier Mecklenburg-Vorpommern:
In den Zeiten der LPG-Bewirtschaftung wurden alle Knicks beseitigt, um den Getreideanbau effizienter zu machen. Die Folge waren und sind in den Dürrezeiten verheerende Sandstürme. Wir erinnern uns noch alle an die Massenkarambolage mit vielen Toten auf der A 19 im Frühling 2011, die durch den von den Äckern treibenden Sand ausgelöst wurde. Zum Glück hat man in Schleswig-Holstein die Knicks unter Schutz gestellt. Sie prägen das Landschaftsbild Angelns ebenso wie die sanften Hügel, die dichten Buchenwälder, die kleinen Seen und die malerische Schlei. Diese hat sich ihren Weg 42 Kilometer landeinwärts gebahnt, man könnte sie leicht für einen Fluss halten, aber sie ist eine "Tochter" der Ostsee, eine Förde. An ihren Ufern haben schon früh Menschen, z. B. die Wikinger in Haithabu gegenüber dem heutigen Schleswig, gesiedelt und Fischfang und Handel betrieben. In den fünfziger Jahren lagen noch zahlreiche Fischerboote in den kleinen Häfen an der Schlei, etwa in Kappeln oder Arnis. Die einheimischen Fischer fuhren mit ihren Kuttern zum Herings- und Dorschfang auf die Ostsee hinaus und sicherten sich damit ihren Lebensunterhalt.
Die Angeliter waren immer schon bodenständig und naturverbunden, sie legten Wert auf guten Zusammenhalt in der Nachbarschaft und halfen sich untereinander. Dabei machten sie nicht viele Worte, sondern

packten zu, wenn Not am Mann war. Sie pflegten ihre plattdeutsche Sprache, sorgten aber auch dafür, dass ihre Kinder ein gutes Hochdeutsch sprechen konnten, um bessere Bildungschancen zu erhalten.
Fremden gegenüber war man eher zurückhaltend und nicht ohne Vorurteile. Dies hat mancher Flüchtling, der nach dem 2. Weltkrieg in Angeln strandete, leider zu spüren bekommen. Aber nach und nach vermischten sich Einheimische und Vertriebene miteinander, gingen Ehen ein und bekamen Kinder, die neue Ideen und Ansichten zutage brachten.
An den Naturstränden der Ostsee tummelten sich in jener Zeit noch keine Touristen, man hatte die abwechslungsreiche Küstenlandschaft im Norden noch nicht entdeckt. Das Städtchen Kappeln hieß noch Kappeln und nicht Deekelsen wie in der Landarztserie und war eher ein beschauliches Idyll mit Heringszäunen und Möwengeschrei. Im Hafen lagen Lastkähne, deren Bäuche mit Getreide befüllt wurden. Und wenn die Fischer ihren Fang an Land brachten, dann umwehte ein frischer Fischgeruch die Nasen der wenigen Passanten, die sich im Hafen aufhielten.
Erst Jahre später kamen die ersten Sommergäste nach Angeln und waren begeistert von der Schönheit der Landschaft. Sie kamen immer wieder, zum Segeln, Baden, Wandern und Radfahren. Und sie wurden immer mehr! So entwickelte sich neben Landwirtschaft und Fischfang ein weiterer Broterwerb in der Tourismusbranche. Die Bauern bauten ihre Kuhställe in Ferienwohnungen um und veränderten allmählich die Kulturlandschaft. In den fünfziger Jahren gab es sehr strenge Winter, oft blies der eisige Ostwind den

Schnee vor sich her und türmte ihn zu meterhohen Wehen auf. Dann waren die Straßen kaum zu befahren und das öffentliche Leben schränkte sich auf das Notwendigste ein.

Umso schöner war dann der Frühling mit dem satten Grün der Buchenwälder, dem leuchtenden Blau des Wassers und des Himmels, den gelb blühenden Rapsfeldern und den vielen bunten Bauerngärten. Die Angeliter Kühe durften wieder hinaus auf die Weiden und machten vor Übermut fröhliche Bocksprünge.

Auf den Feuchtwiesen spazierten die Störche herum, immer auf der Suche nach fetten Fröschen für sich und ihre Jungen. In der Luft lag die Freude auf die kommenden Monate, die Freude auf den Sommer.

*

Maria Volkermann, Jahrgang 1951, hat Kindheit und Jugend auf einem Bauernhof nahe der Schleistadt Kappeln verbracht. Seit ihrer Heirat wohnt sie in Westfalen, hat viele Jahre ihren Mann auf seinem landwirtschaftlichen Betrieb unterstützt und ist Mutter von zwei Söhnen. Nach der Hofaufgabe fand sie eine Anstellung bei der Diakonie und arbeitete als Familienhelferin und Pflegekraft im ambulanten Dienst. Sie ist Meister der ländlichen Hauswirtschaft und Pflegeassistentin im Ruhestand. Als sie begann, ihre Kindheitserinnerungen für die Enkelin aufzuschreiben, entdeckte sie ihre Freude am Schreiben.

Reflexion der fünfziger Jahre

Nur ein Mädchen

Grete träumte von Erdbeeren. Sie pflückte die reifen, saftigen Früchte in eine weiße Emailleschüssel. Der süße Saft klebte an ihren Fingern, und ab und zu steckte sie sich eine Frucht in den Mund. Sie sog den aromatischen Duft ein und dachte daran, wie lange sie diese Köstlichkeiten entbehrt hatte, in den harten Not- und Hungerjahren.

Sie stand in gebückter Haltung in ihrem Garten, und es fiel ihr schwer, sich über den gewölbten Leib zu beugen. Sie verspürte Schmerzen im Kreuz und im Bauch und richtete sich auf. Sie erwachte.

Es dämmerte schon und die Vorhänge im Schlafzimmer ließen gedämpftes Licht herein. Sie schaute hinüber zu Hermann, der noch in tiefem Schlaf lag und nichts von dem ahnte, was sich bald darauf ereignen sollte. Grete dachte über ihren Traum nach, hatte er etwas zu bedeuten? Sie hatte Schmerzen verspürt, ganz deutlich und intensiv. Nun legte sie ihre Hände auf den Leib, um die Stöße des Kindes zu fühlen. Da waren sie wieder da, diese Schmerzen, kein Traum mehr, sondern Realität. Es kam ihr vor, als hätte sie starke Blähungen, die nicht abgehen konnten. Sollte das Kind schon kommen? Sie erwarteten die Geburt in ca. 10 Tagen, aber man wusste ja nie!

Wieder durchdrang ein Schwall heftiger Schmerzen ihren Körper. Nun war sie sich sicher. Grete setzte sich mühsam auf und weckte ihren Mann. Er brauchte einige Zeit, um die Situation zu erfassen.

Dann zog er sich zügig an und rannte auf den Hof, um das Pferd Lisa aus dem Stall zu holen und anzuspannen. Hermann besaß eine kleine Kutsche, die mit einer Deichsel am Kaltblüter befestigt wurde. Nach seinem Zungenschnalzen setzte sich das Gefährt in Bewegung, um die mütterliche Nachbarin Rosa Luth zu holen, die bei Grete bleiben sollte, bis alles überstanden wäre. Rosa war eine kleine korpulente Person mit rosigem Gesicht und dem Herz auf dem rechten Fleck. Wenn sie sich bewegte, schnaufte sie immer ein wenig. Selber hatte sie ja schon sechs Kinder großgezogen, dementsprechend reagierte sie mit Umsicht und Gelassenheit. Der werdende Vater war erstmal erleichtert, dass Tante Röschen, wie er sie nannte, seiner Grete Beistand leisten würde.

Nun musste er sein Pferd nach Kappeln lenken, eine Kleinstadt in 5 km Entfernung, um die Hebamme abzuholen. In einer ländlichen Gegend war Anfang der fünfziger Jahre ein Telefon eher die Seltenheit und auf den Straßen begegnete man nur wenigen Fahrzeugen. Ein Auto war für den größten Teil der Bevölkerung unerschwinglich.

Hermann erreichte das Haus von Schwester Erna, der Hebamme, ohne Verzögerung, und schon nach dem ersten Klopfen stand sie in der Tür. Sie hatte ihre schwere Ledertasche bereit stehen und griff noch schnell nach einer weißen, gestärkten Vorbindeschürze. Pferd Lisa wurde heftig angetrieben, und sie erreichten die Kate in weniger als 30 Minuten. Sofort untersuchte die Hebamme die werdende Mutter und bestätigte, dass die Geburt in vollem Gange sei. Sogleich übernahm sie lautstark das Kommando:

„Wasser aufsetzen, Schüsseln bereit stellen, Tücher und Laken in greifbare Nähe legen!" Es war jetzt ihr Metier.
Hermann hatte keine Zigaretten mehr, er lief unruhig in der Wohnung hin und her und fühlte sich hilflos. Tante Luth schickte ihn zum Melken: „Du kannst hier sowieso nicht helfen, melk erstmal deine Kühe, das muss ja auch gemacht werden."
Hermann fügte sich auf der Stelle, denn er war sehr froh, den Ort des Geschehens verlassen zu dürfen. Gebärkram war Weiberkram, da hatten die Männer nichts zu suchen!
Er holte sich den Handkarren, griff sich die Milchkannen, lud Seih, Schemel und Eimer auf und zog erleichtert los. Auf dem Weg zu seinen Kühen klopfte er aber noch bei einem Nachbarn an, der im Haus einen Tante-Emma-Laden betrieb, um sich endlich Zigaretten zu kaufen.
Hermann hatte nach Krieg und Gefangenschaft die kleine Hofstelle von seinem Vater übernommen. Er fühlte sich verpflichtet, diese weiterzuführen, denn sein Vater war schon alt und brauchte Hilfe. Seine eigenen Träume von Abitur und einer beruflichen Verwirklichung hatte er begraben müssen. Nach den Hungerjahren hatte die Ernährung der deutschen Bevölkerung höchste Priorität; und wie die meisten Menschen seiner Zeit dachte sich auch Hermann, dass die Erzeugung von Milch, Fleisch und Feldfrüchten ja immer für den Lebensunterhalt sorgen würde. Es sollte sich nicht bewahrheiten!
Seine Frau Grete und er hatten aus inniger Liebe geheiratet, aber sie hatten harte Jahre zu überstehen, wobei

sowohl die Arbeit als auch das Menschliche eine Rolle spielte, denn Grete war ein Flüchtling aus dem Osten, und sie hatte es schwer mit der einheimischen Bevölkerung.

Nun erwarteten sie ihr erstes Kind.

Hermann ließ sich mit dem Melken der acht Kühe Zeit. Als er mit den gefüllten Milchkannen auf den Hof zurückkam, war schon alles überstanden. Tante Röschen wusch an der Pumpe auf dem Hof die Schüsseln und Tücher aus und strahlte über das ganze gerötete Gesicht: „Herzlichen Glückwunsch, Hermann, du hast eine gesunde Tochter bekommen und deine Frau hat die Entbindung gut überstanden. Es war eine schnelle und leichte Geburt." Hermann wusch sich die Hände und versuchte dabei der Enttäuschung Herr zu werden - er hatte sich einen Sohn erhofft -, dann eilte er zu seiner Grete. Sie lag mit einem glücklichen Lächeln und strahlenden Augen im Ehebett und hielt seine winzige Tochter im Arm. „Wir werden sie Maria nennen, nicht wahr?", flüsterte die junge Mutter, um das Kind nicht zu wecken. Eine warme Woge von Dankbarkeit und Liebe erfasste den frischgebackenen Vater und er schwor bei sich, nie Verantwortung und Zuneigung für seine junge Familie zu vergessen.

Es war Sonntag, der 8. Juli 1951, die Erdbeeren wurden von Rosa Luth gepflückt, und Großvater Theodor wunderte sich, dass er von einer Geburt im Haus keinen Ton mitbekommen hatte. Der Sommer war in diesem Jahr besonders heiß, und am nächsten Tag entlud sich die drückende Schwüle in einem heftigen Gewitter. Die Blitze zuckten um das reetgedeckte Haus und Hermann hatte große Angst, denn ein Reetdach konnte schon durch den kleinsten Funken wie Zunder brennen! Sollte er im Falle eines Blitzeinschlags zuerst die kleine Maria in Sicherheit bringen oder seine Frau, die schwach im Wochenbett lag. Die Wöchnerinnen durften in den fünfziger Jahren für 8-10 Tage das Bett nicht verlassen und wurden dadurch noch zusätzlich geschwächt. Das Gewitter zog zum Glück weiter, ohne der kleinen Familie einen Schaden zugefügt zu haben. Der große Brand ereignete sich erst Jahrzehnte später, aber das konnte im Sommer 1951 noch niemand ahnen.

Grete und die kleine Maria

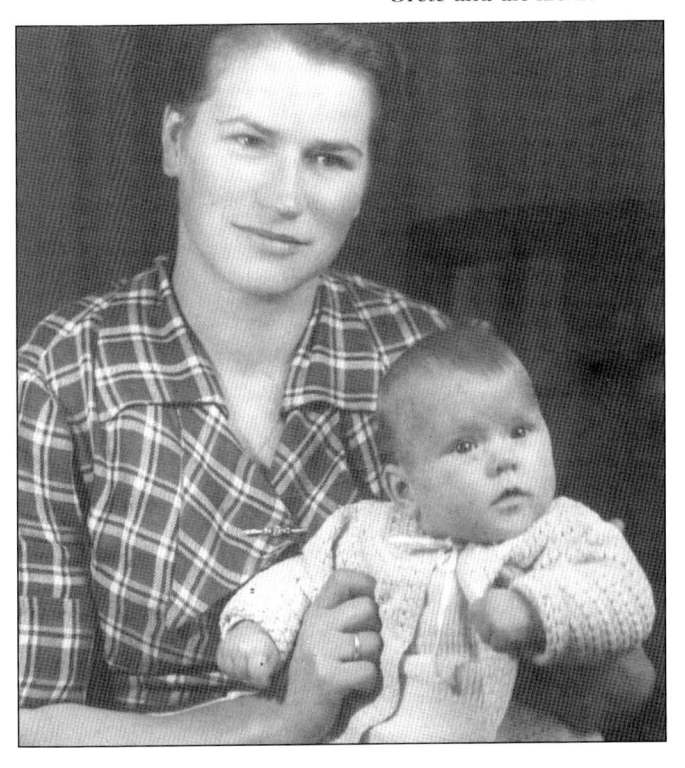

Vier Jahre später

Maria wurde entthront, als sie vier Jahre alt war. Bis zu diesem Zeitpunkt empfing sie die uneingeschränkte Aufmerksamkeit, Zärtlichkeit und Zuwendung ihrer Mutter Grete, soweit dies möglich war, denn die Mutter war stark in die Arbeit auf dem kleinen landwirtschaftlichen Betrieb eingebunden, den die Eltern ja gemeinsam mit dem Großvater betrieben. Der Vater hatte sich einen Sohn gewünscht, denn Töchter waren nicht so wichtig auf einem Hof, sie konnten den Namen nicht weitergeben und gingen sowieso einmal fort, um zu heiraten. Außerdem musste viel Geld in die Aussteuer investiert werden. Ein männlicher Erbe war zwingend notwendig, so dachten die Bauern in den frühen 50er Jahren noch. Im Jahr 1955 ging der brennende Wunsch in Erfüllung: Grete und Hermann bekamen den ersehnten Erben und nannten ihn Detlef, ein Vorname mit Tradition in der Familie Flüh.

Maria reagierte mit Verstörung. Sie wollte den kleinen Bruder nicht, der stundenlang an der Brust der Mutter lag und immer wieder beim Saugen einschlief. Grete hatte kaum noch Zeit für ihre Tochter, sie fühlte sich ständig gehetzt, denn die Männer riefen nach ihr, damit sie die notwendigen Stallarbeiten erledigte. Auch auf dem Feld war um diese Zeit noch so viel Knochenarbeit zu verrichten, die schier kein Ende nehmen wollte. Natürlich versiegte dabei die Milch recht bald. Grete konnte nicht mehr stillen. Zum Glück war der kleine Sohn ruhig und machte sich selten bemerkbar. Und so sollte es bleiben: ein introvertiertes Kind, das sich viele Gedanken machte, diese aber für sich behielt. Maria machte sich wieder in die Hosen! Das durfte der kleine Bruder ja auch und die Mutti sollte sich weiß Gott auch wieder um sie kümmern. Grete reagierte unangemessen, sie wusste noch nichts von empfindsamen Kinderseelen und deren psychologischer Behandlung. Es gab noch keine Ratgeber für junge Eltern, keine Kinderärzte und Therapeuten und es waren auch keine erfahrenen Freundinnen zur Stelle. Grete wurde einfach nur wütend auf ihre kleine Tochter, schließlich hatte sie schon Arbeit genug: Windeln waschen, Kühe melken, Garten und Haus in Ordnung halten, ständig gab es etwas zu tun. In Gretes Haushalt hatten Waschmaschine, Elektroherd und Staubsauger noch keinen Einzug gehalten. Dafür fehlte einfach das Geld. Die Körperpflege fand an einer Waschschüssel in der Küche statt. Dafür wurde das Wasser von der Pumpe auf dem Hofplatz hereingeholt und dann in einem Kessel auf dem Kohlenherd erhitzt. Man kann sich gut vorstellen, dass bei dieser Prozedur die Körperpflege eine untergeordnete Rolle spielte.

Das kleine Mädchen versuchte sich selber zu helfen. In der Nachbarschaft gab es einen Jungen namens Dietrich. Er war etwas jünger als Maria und von schlichtem Gemüt. Die Kinder verständigten sich durch lautes Rufen auf dem Hofplatz, und binnen kürzester Zeit kam "Diedi" angerannt, glücklich und sehr ergeben. Sie spielten meistens draußen in der Natur, sammelten Steine und Pflanzen, fingen sich Frösche und anderes Getier und waren sich selbst überlassen. Wenn sie sich zankten, bewarfen sie sich mit Matsch oder Kletten und Juckpulver. Manchmal schubsten sie sich gegenseitig in die Brennnesseln, was dann immer mit großem Geschrei endete und die beiden für einen

Tag auseinander laufen ließ, doch am nächsten Tag riefen sie sich wieder und spielten einträchtig miteinander. Man ließ sie gewähren, solange sie sich draußen aufhielten.

An Regentagen spielten Maria und Diedi manchmal auch in Gretes Wohnstube. Einmal saßen sie gemeinsam unter dem großen alten Esstisch mit den gedrechselten Tischbeinen. Sie spielten, es wäre Winter und die Schneeflocken tanzten durch die Gegend. Schnee hatten sie auch: Die blaue Puderdose von Klein-Detlef musste herhalten, und die spuckte in feinen Flocken den Schnee aus! Er legte sich behutsam auf die Schnörkel der Tischbeine und auf den neuen Sisalteppich darunter. Die Kinder waren begeistert über die schöne Schneelandschaft. Grete war es leider nicht!

Sie entdeckte die weiße Bescherung nach einiger Zeit und brach in Tränen aus, sie schimpfte und weinte abwechselnd, Maria bekam den Hintern versohlt und Dietrich wurde prompt nach Hause geschickt. Das wichtige Wundschutzmittel war vergeudet, und Grete konnte sich nicht vorstellen, wie sie den Teppich jemals wieder sauber bekommen sollte. Wie dringend hätte sie hier einen Staubsauger brauchen können!

Maria verbrachte die Jahre vor der Einschulung mit Diedi, er tat was sie vorschlug, jedenfalls meistens, so lernte das Mädchen die Führung zu übernehmen. An den Sonntagen nahm sich der Vater die Zeit, mit seiner kleinen Tochter spazieren zu gehen. Oft streiften sie durch Wald und Flur. Maria lernte dabei die Getreidesorten kennen und die einheimische Flora und Fauna. Ihre Liebe und Verbundenheit zur Natur entstand in diesen Jahren.

Von der Mutter bekam sie schon kleinere Aufgaben übertragen: Sie musste auf den kleinen Bruder aufpassen, wenn die Eltern im Stall die Kühe melkten, sie half im Garten beim Obst und Gemüse ernten, beim Verarbeiten dieser Ernte und sie trocknete das Geschirr ab. Es gab immer etwas zu tun. Maria erwies sich als geschickt und flink und mit den Jahren wurde sie zu einer Entlastung ihrer Mutter. Der Großvater interessierte sich wenig für seine Enkel, sie waren ihm lästig, und besonders das lebhafte Mädchen ging ihm ziemlich auf die Nerven. „Die hat eine Kugel im Po", pflegte er zu sagen. Die Kinder gingen ihm aus dem Weg.
Somit hatte Theodor Flüh die Zuneigung und Wärme einer schönen Opa-Enkel Beziehung verpasst! Jeden Samstag wurden die Kinder in einer Zinkwanne gebadet. Im Winter geschah dies im geheizten Wohnzimmer. Die mageren Kinderkörperchen wurden eingeseift und abgeschrubbt.

Hermann mit seiner kleinen Tochter auf der heimischen Wiese

Es war ein Riesenspaß mit Planschen und Lachen. Diese Hygieneaktion musste dann wieder für eine Woche genügen. Allergien waren damals noch weitgehend unbekannt, dafür gab es andere Leiden, denen man aber nicht zu viel Achtung beimaß. Maria hatte Würmer! Sie wurde am Abend vor dem Einschlafen durch heftigen Juckreiz im Analbereich gequält. Sie kratzte sich und verschlimmerte die Sache dadurch unwissentlich. Ihren Eltern erzählte sie nichts davon, es war ihr peinlich. Über intime Dinge sprach man nicht! Erst ein reisender Buschholzhacker mit homöopathischen Fähigkeiten befreite sie von diesem Leiden. Er schaute ihr in die Augen, stellte die Diagnose Wurmbefall und verordnete eine strenge Diät mit rohen Möhren und Weißbrot. Es hat gewirkt!

Maria war es zuwider, das kleine Holzhäuschen im Hof aufzusuchen. Es war an einen Schuppen angebaut und seine Hinterwand grenzte an den Dunghaufen der Stalltiere. Man musste sich auf eine Bretterbank setzen, in deren Mitte ein rundes Loch geschnitten war, das mit einem Holzdeckel bedeckt war. Beim Abnehmen des Deckels strömte penetranter Geruch aus der Grube, kein Wunder, dass Maria den Toilettengang hinauszögerte. Die Reinigung erfolgte mit Zeitungspapier, das in handlichen Stücken, durch einen Nagel gehalten, an der Wand hing. Am schlimmsten aber waren die fetten schwarzen Spinnen, die in den dunkelsten Ecken auf Beute lauerten und diese in den Schwärmen von Fliegen auch fanden. Es gab keine andere Möglichkeit, die Notdurft zu verrichten, da die Wasserleitung noch nicht verlegt worden war. Diese

Maßnahme führte die Gemeinde nämlich erst Jahre später durch.
Mit dem Zugang zu fließendem Wasser aus der Leitung verbesserte sich das Leben der Landbevölkerung erheblich. Erst 1962 konnte Hermann in die ehemalige Speisekammer ein Badezimmer einbauen, mit Spülklosett, Wanne, Waschbecken und Anschluss für eine Waschmaschine.
Grete war eine gefühlsbetonte Frau. Sie zeigte ihren Kindern liebevoll und warmherzig ihre Zuneigung, konnte aber auch ärgerlich und wütend über die kleinen und großen Dummheiten ihrer Sprösslinge werden. Dann schimpfte sie lauthals los und machte so ihrem Ärger Luft. Manchmal hatte Grete depressive Verstimmungen. In diesem Zustand fühlte sie sich erschöpft, minderwertig und traurig. Diese Phasen lagen in ihrer Biographie begründet: Sie hatte eine harte Jugend hinter sich und in ihrer neuen Heimat fand sie nur schwer Anerkennung. Der Schwiegervater hatte sie sogar einmal als Hergelaufene beschimpft. Die Kriegserlebnisse, die Vertreibung und Flucht hatten ihr Schicksal geprägt, aber sie hatte die Fähigkeit, darüber zu sprechen. Maria erfuhr so eine Menge über das frühere Leben ihrer Mutter und fühlte sich dadurch stark mit ihr verbunden. Grete konnte auch fröhlich und ungezwungen sein. Dann klang ihr schöner Gesang durchs Haus, sie war tatkräftig und zufrieden. Alles gelang! Bei ihr wussten die Kinder immer, woran sie waren.
Beim Vater war das ganz anders. Ein Mann durfte keine Gefühle und Schwächen zeigen. Er war die Autorität der Familie und hätte mit Gesten der Zärtlichkeit

seinen Status gefährdet. Die Erziehung im Dritten Reich sollte die Jungen hart und unbesiegbar machen, Wärme und Nähe waren nicht vorgesehen. Außerdem hatten Hermanns Eltern eine unglückliche Ehe geführt und einander wohl selten Zuneigung gezeigt. Die Kinder entwickelten ein Gespür für die seelische Verfassung des Vaters. Wenn er in Stresssituationen nervös und schlecht gelaunt war, waren sie leise und versuchten besonders artig zu sein. Meistens war das in der Erntezeit der Fall, wenn alles nicht schnell genug gehen konnte und viele Schwierigkeiten auftraten. Hermann war oft überfordert. Er schaffte es mit seinem kleinen Betrieb einfach nicht, genug zu erwirtschaften, aber er sprach nicht über seine Probleme. Trotzdem hatten die Kinder immer eine Ahnung davon, dass etwas nicht stimmte.

Höflichkeit gegenüber Erwachsenen war ein sehr ernst zu nehmendes Gebot. Maria lernte schon früh, freundlich zu grüßen, anständig bitte und danke zu sagen und zu schweigen, wenn die Erwachsenen ein Gespräch führten. Den Mund zu halten, das fiel dem Mädchen sehr schwer, spontane Äußerungen rutschten häufig über seine Lippen - mit dem Ergebnis, als freche Göre betitelt zu werden. Ein unbedingtes Muss für die Mädchen war ein Knicks zur Begrüßung. Zugleich übten die Jungen den Diener, eine Verbeugung in Ehrerbietung gegenüber den Erwachsenen.

Vorschulzeit

1956 nahm Hermann einen Kredit bei der Raiffeisenbank auf und bestellte sich einen Traktor. Das Pferd wurde an einen entfernten Verwandten verkauft und brachte noch 750,00 Mark in die Wirtschaftskasse. Der junge Landwirt hatte die Möglichkeit, noch einige Morgen Acker- und Weideland dazu zu pachten, außerdem wollte er seinen Viehbestand vergrößern. An einem Frühlingsmorgen machte er sich zu Fuß auf den Weg zum Landmaschinenhändler, um den neuen Schlepper abzuholen. Grete hörte das rhythmische Tuckern schon von Weitem. Sie trat mit dem kleinen Sohn auf dem Arm ans Fenster ihrer Wohnstube, ihr Gesicht strahlte mehr Skepsis als freudige Erwartung aus. Maria folgte der Mutter und stellte sich auf die Zehenspitzen, um besser hinausspähen zu können. Kurz darauf fuhr der Vater mit der roten Zugmaschine am Gartentor vorbei, den rechten Blinker Besitz ergreifend und winkend eingeschaltet. Er bog auf den Hofplatz ein. Die kleine Familie versammelte sich um die neue Errungenschaft, bestaunte, befühlte und beroch sie. Sie machten Sitzproben, Lenkversuche und Testfahrten. Alles würde jetzt besser und leichter werden, versprach Hermann. Der Pferdestall war nun verwaist und wurde ab sofort Treckerschuppen genannt.

Bevor der Traktor richtig einsetzbar war, mussten die Landmaschinen umgearbeitet werden. Sie waren ja vorher vom Pferd gezogen worden. Folgeinvestitionen standen an und die Aufstockung des Kredits.

Hermann hatte Freude daran, mit Holz zu werkeln. Er baute sich einen kastenförmigen Aufsatz aus stabilen

Brettern, den er auf die Ackerschiene montierte. Damit konnte er nun jeden Morgen die Milchkannen zur Meierei bringen, die im Nachbardorf lag. Eine Meierei ist das Gleiche wie eine Molkerei, damals gab es diese noch in vielen Dörfern, die Bauern lieferten ihre Milch ab und nahmen gleich Buttermilch, Quark, Käse und Butter mit zurück in die heimische Küche. Später hat man die kleinen Meiereien wegrationalisiert, eine Großmeierei für eine ganze Region entstand, und die Milch holte man mit Tankwagen von den Höfen ab. Heute gibt es selbst keine Großmolkereien mehr. Industriekonzerne verarbeiten die Milch und diktieren die Preise.

Manchmal transportierte Hermann mit der Milchkiste auch seine Kinder. Dann kauerten sie auf dem Holzboden und der Fahrtwind durchwehte ihre Haare, bei Bodenwellen hopsten sie auf und ab. Kein Mensch dachte daran, sie anzuschnallen oder irgendwie anders zu sichern. Es ging immer gut! Niemals wird Maria diesen Geruch von vergorener Milch vergessen, der in ihre Nase stieg, wenn sie, den kleinen Detlef im Arm, in der Treckerkiste durch die Gegend brauste.

Nach einer dieser stürmischen Ausfahrten erkrankte Maria schwer. Mit hochrotem Gesicht und fiebrig glänzenden Augen lag sie in ihrem Bett. Ihr trockener Husten gellte durch das Haus und ihr Atem ging schnell und stoßweise. Grete war sehr besorgt und legte Wadenwickel um Wadenwickel um die Beine ihrer kranken Tochter. Aber das Fieber stieg und stieg. Als es die 40 Grad erreichte, holte Hermann den Hausarzt. Dr. Jaich schaute sich die kleine Patientin gründlich an, horchte die Lunge ab und stellte die Diagnose einer beidseitigen schweren Lungenentzündung. Er verordnete Penicillintabletten und strikte Bettruhe für das Kind. Die Eltern sollten auch ausreichend Flüssigkeit zum Trinken anbieten, am besten vitaminhaltige Säfte wie zum Beispiel Holundersaft. Es war eine kritische Zeit, in der Hermann und Grete um ihre Tochter bangten. Der Arzt kam jeden Tag nach seiner Sprechstunde, um nach Maria zu sehen. Auch er war besorgt. Nach einer Woche trat allmählich Besserung ein, das Fieber ging zurück und das Mädchen zeigte wieder Interesse an den Begebenheiten in der Familie. Sie fühlte sich zwar noch schlapp und müde, aber das Penicillin hatte seine positive Wirkung getan. Grete machte für Maria ein Bett auf dem Sofa der Wohnstube zurecht. Dort konnte sich die kleine Kranke tagsüber erholen, und war unter den Augen der Mutter, die die Küchentür offen ließ.

Nach dem Mittagessen legte sich Grete aufs Sofa zu ihrer Tochter, um sich auch ein wenig auszuruhen. Maria lag dann mucksmäuschenstill, um die Mutti nicht zu stören. Als das Mädchen nach vielen Tagen das Bett wieder verlassen durfte, konnte sie sich kaum auf den Beinen halten. Das Zimmer drehte sich um sie herum, aber sie war über den Berg.

Durch diese sehr schwere Erkrankung zerplatzte der Traum einer vorzeitigen Einschulung Marias im Jahr 1957. Sie war dünn und schwach geworden, die Augen lagen tief in ihren Höhlen und das Gesicht erschien durchscheinend blass. In diesem Zustand würde sie den langen Schulweg nicht schaffen können. Das gab auch der Dorfschulleiter zu bedenken und riet der Familie, noch ein Jahr zu warten, damit das Kind erst wieder zu Kräften käme. Es wurde ein gutes Jahr, indem Maria mit Diedi in der Natur herum tobte, auf Bäume kletterte und ihre Kräfte stärkte. Sie erholte sich gut und war bald in der körperlichen Verfassung, um eingeschult zu werden.

In den Wintermonaten verabreichte Grete ihren Kindern täglich einen Esslöffel Lebertran. Zu tief saß noch die Furcht vor der Englischen Krankheit, die in den Notjahren die Knochen vieler Kinder deformiert hatte. Maria hasste den Geschmack dieses Ekel erregenden Getränks. Schon der Geruch konnte einen starken Würgereiz auslösen, aber Grete blieb unerbittlich, die Kinder mussten es einnehmen. Noch Jahrzehnte später erkannte Maria ein Produkt, indem Lebertran verarbeitet war, am Geruch. Es gibt Wundheilsalben mit diesem Inhaltsstoff. Auch Höhensonnenanwendungen waren als Rachitisprophylaxe beliebt. Diese konnte man in den Wintermonaten im Gebäude der Schule in Anspruch nehmen, ebenso wie die Mütterberatung, die auch dort stattfand. An diesen Nachmittagen schoben die Mütter der Dorfgemeinschaft ihre Kinderwagen gen Schulgebäude, die Kleinkinder an der Hand, und freuten sich auf ein Schwätzchen mit den anderen Frauen. Die Kinder wurden gemessen und gewogen, es gab Ernährungstipps und Wundbehandlung. Nacheinander wurden die größeren Kinder vor einen Metallschirm gesetzt, in dessen Mitte sich eine Lampe befand, die Höhensonne. Maria und ihr Bruder blieben jedenfalls von der Trichterbrust verschont und entwickelten einen gesunden Knochenaufbau.

Maria vor dem Roggenfeld

Tante Erna zeigt Maria ein Lamm.

Beim Melken auf dem Feld

Einschulung

Im Jahr 1958 nach den Osterferien wurde Maria endlich eingeschult. Am Morgen des 1. Schultags zog sie ihr neues geschneidertes Pepitakleid an und flocht ihr Haar zu zwei dünnen strammen Zöpfen. Draußen war es Mitte April noch ungemütlich kalt und darum musste Maria auf Drängen von Grete noch die schwarze Trainingshose anziehen, was zu dem schönen Kleidchen wahrhaftig nicht gut ausschaute. Viel lieber hätte Maria eine dieser modischen Strumpfhosen angezogen, aber die Eltern hatten keine gekauft. Dafür hatte sie einen nagelneuen Ranzen bekommen, der herrlich nach Leder duftete. Die Schiefertafel, der Griffelkasten, Fibel und Rechenbuch waren ordentlich darin verstaut. Hermann hatte ein frisch geborenes Bullenkälbchen verkauft, um die Anschaffungen bezahlen zu können. Der Jahrgang umfasste nur 7 Mädchen und sie wurden von ihren Müttern in die Grundschule begleitet, damals sagte man noch Volksschule. Väter, Paten und andere Verwandte hatten beim 1. Schultag noch nichts zu suchen. Es wurde kein Riesen-Tamtam um die Erstklässler gemacht, aber diese waren sich der Wichtigkeit des Tages durchaus bewusst, denn sie waren ausreichend auf den „Ernst des Lebens" aufmerksam gemacht worden. Der Schuldirektor und die Klassenlehrerin nahmen die Osterpuppen, wie man sie scherzhaft nannte, in Empfang. Daraufhin wurde ein Foto von allen Beteiligten gemacht, und die Mütter durften wieder von dannen ziehen.
Auf dem Gruppenfoto blinzelt Grete in die Morgensonne. Sie trug als einzige der Mütter ein Kopftuch

Der Hof

Die Geburtstagsgesellschaft von Opa Theodor (rechts) sitzt hinterm Hof in der Sonne. Maria steht neben ihrer Tante Anni.

Dreiradfahren vor dem Haus. Mutti passt auf.

über dem streng gescheitelten Haar. Ihre schönen Gesichtszüge waren von Arbeit und Sorgen früh gezeichnet, dabei war sie erst 32 Jahre alt und im 3. Monat schwanger. Es sollte nicht ihre letzte Schwangerschaft sein. Grete fühlte sich gar nicht wohl, versuchte aber dennoch ein krampfhaftes Lächeln. Maria lächelte etwas entspannter als ihre Mutter, obwohl sie gewöhnlich auf Fotos ernst dreinblickte. Sie trug ihre bunte Schultüte wie einen Säugling im linken Arm, behutsam, aber doch fest. Die blaugelbe Tüte war gut mit allerlei Naschwerk gefüllt und würde 4 Jahre später noch einmal ihre Verwendung finden. Im Hintergrund stand der Schulleiter Herr Hansen. Er überragte alle Mütter um Haupteslänge. Sein Lächeln strahlte Selbstbewusstsein und Kompetenz aus. Seine hohe Stirn wurde von einem Kranz dunkler Locken umrahmt. Er war ein gut aussehender Mann in den besten Jahren und wusste das auch.
Die Klassenlehrerin hieß Fräulein Albers, sie war jung und hübsch und hatte ein reizendes Lächeln. Sie gefiel Maria sofort sehr gut. Sie gefiel aber auch dem Schulleiter ausnehmend, was wiederum der Ehefrau des Direktors gar nicht zusagte. Also musste das Fräulein die Dorfschule nach einem Jahr leider wieder verlassen, was die Kinder sehr bedauerten. Nach Fräulein Albers kam Frau Sander. Diese Lehrkraft war von stabiler Statur, schon im fortgeschrittenen Alter und gut verheiratet. Maria wurde der erklärte Liebling von Frau Sander, und das führte dazu, dass die Grundschule für das Mädchen ein angenehmer und erfolgreicher Aufenthaltsort wurde. Nochmals zurück zu Frau Albers.

Verantwortung

Eines Morgens im November 1958 wachte Maria mit einem merkwürdigen Gefühl auf. Etwas war anders als sonst! Mutti hatte sie nicht geweckt und aus der Küche war auch kein vertrautes Klappern zu hören. Sie sprang aus dem Bett und weckte ihren Bruder, der nebenan im Kinderbettchen, mit dem Daumen im Mund, friedlich schlief. Sie hob ihn heraus und tapste mit dem Kleinen in die Küche. Alles war dunkel und still, nur im Kohlenherd brannte ein schwaches Feuer. Maria überkam ein Gefühl der Angst, ihr zitterten die Knie. Da kam vom Stall her der Vater in die Küche hinein und strahlte über das ganze Gesicht. „Kinder, ihr habt heute Nacht einen kleinen Bruder bekommen, er heißt Andreas und ist kräftig und gesund. Die Mutti muss noch eine Weile bei ihm im Krankenhaus bleiben. Sie lässt euch schön grüßen. Maria, jetzt zieh dich schnell an, du kommst sonst zu spät in die Schule!" „Schon wieder ein kleiner Bruder", dachte Maria, „wie soll das hier werden, ist ja alles schon eng genug." Sie wusste auch nicht, wo dieser neue Bruder so schnell herkam und wie das vonstatten ging. Die Aufklärungswelle war noch nicht über die Dörfer geschwappt. Den Kindern erzählte man noch das Märchen vom Klapperstorch, Themen wie Zeugung und Geburt waren absolut tabu. Aber Maria war auch nicht entgangen, dass die schlanke Mutti in den letzten Monaten immer dicker geworden war, und sie hatte sich Sorgen gemacht.

Nun machte sie sich Sorgen um Detlef. Wo sollte er bleiben, wenn die Mutti fort war?

Sie hatte früh gelernt, Verantwortung zu übernehmen! Es war auch undenkbar für das Mädchen, dass der Vati sich um den Nachwuchs kümmerte, das war sie gar nicht gewohnt. Die Väter der 50er Jahre kümmerten sich um ihre Arbeit und nicht um Kinder und Küche! Das war die Sache der Frauen. „Und drinnen waltet die fleißige Hausfrau." Schillers Glocke hatte noch Bedeutung in dieser Generation.
Maria hatte eine Idee! Sie würde den kleinen Bruder mit in die Schule nehmen, dann wäre er unter Aufsicht. Schnell zog sie sich an und dann den Jungen, packte ihn in warme Sachen, nahm den Ranzen auf den Rücken und Detlef an die Hand. Zügig marschierte sie mit ihm die 4 Kilometer bis zur Volksschule. Die Geschwister betraten den Klassenraum kurz nach Beginn des Unterrichts. Fräulein Albers reagierte äußerst souverän, denn sie ließ sich keine Überraschung anmerken, sondern fragte Maria nur nach dem Grund, warum sie ihren Bruder mit in die Schule gebracht hätte. Dann ließ sie den kleinen Gast auf der hintersten Bank Platz nehmen, gab ihm Papier und Malstifte und fuhr gelassen mit dem Unterrichtsstoff fort. Detlef, wie schon erwähnt ein ruhiges Kind, bemalte seinen Bogen mit bunten Strichen, es wurde kein Kunstwerk, aber er war beschäftigt. Nach der 1. Stunde schickte die Lehrerin Maria und den Knirps wieder nach Hause, vergaß aber nicht, schöne Grüße und Glückwünsche an die jungen Eltern mitzuschicken. In den nächsten Tagen kümmerte sich eine Nachbarin um Detlef, und Maria ging ohne Sorgen in die Schule. Welch eine Freude, als Grete nach 8 Tagen mit dem Säugling im Arm wieder nach Hause kam. Sie war erschöpft von der schweren

Entbindung und brauchte lange, um sich zu erholen.
Maria hatte jetzt zwei kleine Brüder zu beaufsichtigen.

Schulalltag

Das Schulgebäude der Volksschule lag am Rande des kleinen Dorfes Faulück. Äußerlich ähnelte es den Bauernhäusern der Region, es fehlten nur die Scheunen und Stallungen. Der lang gestreckte eingeschossige Bau war mit weißer Farbe getüncht und wirkte sauber und einladend. Das mächtige Reetdach war über und über mit grünen Moospolstern bedeckt und bedurfte dringend einer Erneuerung. Vor dem Haupteingang, der in die Wohnung des Schulleiters und seiner Ehefrau führte, erstreckte sich ein geräumiger, schmuckloser Kiesplatz, der von einem Staketenzaun gesäumt wurde. Diesen Vorplatz hatten die älteren Schüler sauber zu halten. Je nach Jahreszeit hieß es dann Unkraut jäten, Laub harken oder Schnee fegen. Die übrige Schülerschar hatte vor dem Eingang zur Lehrerwohnung nichts zu suchen. Sie mussten den Hintereingang benutzen, der sich rückwärtig am östlichen Giebel des Hauses befand. Über einen Windfang gelangte man in einen kleinen Flur, an dessen Wänden Haken für die Jacken und Mäntel der Kinder befestigt waren. In der hinteren Ecke war ein Wandschrank eingearbeitet worden, der schon bessere Zeiten gesehen hatte und dem die rotbraune Farbe langsam abhanden kam. Davor stand ein ausrangierter Schultisch, der eine besondere Aufgabe zu erfüllen hatte. Davon später mehr. Vom Flur gelangte man in die beiden Klassenräume. Der linke Eingang führte in den Raum der Unterstufe. Hier wurden die Jahrgänge 1 bis 4 unterrichtet. Es war ein heller, freundlicher Raum, denn die Fenster gingen nach Süden hinaus und die Aussicht auf den blühenden Garten des Direktors erfreute die Augen der kindlichen Betrachter. Sie sahen, wie das Obst und Gemüse heranreifte und ließen sich gern von allerlei Getier ablenken, das im Garten summte, flatterte und kroch. Im Herbst konnten sie beobachten, wie sich die größeren Jungen in der Gartenfurche abmühten, um den Boden für das nächste Gartenjahr vorzubereiten. Über diese Aufgaben regte sich niemand auf, denn es war eine Selbstverständlichkeit, diese schulfernen Aktivitäten im Dienste der Lehrkraft zu verrichten. Durch die rechte Tür betrat man den Klassenraum der Oberstufe. Hier wurden sogar 5 Jahrgänge unterrichtet, denn Schleswig-Holstein hatte als einziges Bundesland schon 9 Volksschuljahre eingeführt. Die Klassen 5 bis 9 wurden von Herrn Hansen unterwiesen. Es gab nur 1 Lehrkraft für diese Schüler, die in Alter und Reife sehr unterschiedlich zusammengewürfelt waren. Da kann man sich gut vorstellen, dass Disziplin das oberste Gebot im Schulalltag war. Störenfriede wurden streng, aber manchmal auch brutal bestraft. Maria hat es mehr als einmal erlebt, dass einer der älteren Jungen mit dem Oberkörper auf dem Schultisch im Flur lag und der Direktor mit dem Rohrstock auf dessen Hinterteil eindrosch. Es traf immer die lernschwachen und verhaltensauffälligen Burschen, und Maria hatte Mitleid mit ihnen. Ihr selber wurde in der Grundschulzeit kein Haar gekrümmt, denn das Verhältnis zu Frau Sander war ausgesprochen gut und sie verhielt sich diszipliniert und lernwillig. Den Jungen ihres Alters, die an ihren dünnen Zöpfen zogen oder sie schlagen wollten, erteilte Maria eine wirkungsvolle Lektion: Sie schnappte sich schnell eine dieser vorwitzigen Jungenhände und drückte deren Finger in die falsche Richtung. Das tat weh, und fortan machte die männliche Spezies einen Bogen um Maria und neckte sie nur noch in gebührendem Abstand. In der Pubertät änderte sich dies allerdings wieder.

Seit Maria eingeschult war, vernachlässigte sie ihre Freundschaft mit Diedi, und bald darauf gab sie den Kontakt zu ihm ganz auf. Sie hatte jetzt andere Interessen, und der Junge konnte da nicht mithalten. Dafür traf sie sich hin und wieder mit den Mädchen ihres Jahrgangs. Etwas Besonderes waren immer die Kindergeburtstage, die mit vielen Kindern und großen Kuchenschlachten gefeiert wurden.

Dicke Sahnetorten waren noch ein unbedingtes Muss auf der Geburtstagstafel, und die Mütter legten sich mächtig ins Zeug, um die Ernährungslage zu sichern. Die Gesellschaft unterhielt sich mit Spielen wie „Stille Post", „Reise nach Jerusalem", „Taler, Taler, du musst wandern", „Blindekuh" und natürlich Verstecken spielen im Freien.

Den Kindern fiel immer etwas Neues ein, sie beschäftigten sich hervorragend, meist ohne die Anregung der Eltern. Kegelpartys, Kinobesuche, Erlebnisbäder oder andere Abenteuer gab es damals noch nicht, aber die Gäste zogen abends immer glücklich und hoch zufrieden heimwärts.

Maria ging den langen Schulweg allein, aber das machte ihr nichts aus. Unterwegs konnte sie ihren Gedanken und Träumen nachhängen und hatte ihre Ruhe. Ganz selten störte ein Fahrzeug, denn der Straßenverkehr war noch sehr ruhig. Die Bäckerei Jensen lag direkt gegenüber der Volksschule. Wenn Maria sie erreicht hatte, stieg ihr der Duft von Brötchen und frisch gebackenem Hefegebäck in die Nase, ein Wohlgeruch, der sich für alle Zeiten einprägte. Wenn Maria ihn in späteren Jahren bemerkte, erwachte sofort ein Heißhunger auf warmes Backwerk mit Pflaumenmus.

Im Klassenraum angekommen, verteilten sich die Kinder auf sehr unterschiedliches Mobiliar. Die kleinen Mädchen der 1. Klasse, die vorne saßen, hatten niedrige Schülertische für 2 Personen. Die größeren Schulkinder in den hinteren Reihen benutzten antiquiertes Klassengestühl: fünfsitzige Bänke und Tische mit einem schrägen, klappbaren Pultdeckel. Viele Schülergenerationen hatten sich schon in ihnen verewigt. Der Klassenraum wurde mit einem Kohlenofen beheizt. Herr Hansen erledigte die Aufgabe des Anheizens lange vor Unterrichtsbeginn.

Auch in den fünfziger Jahren war man im Kultusministerium schon experimentierfreudig. Die Schule war immer ein Versuchslabor für neue Lehrmethoden. Maria und ihre Klassenkameradinnen lernten das Lesen mit der Ganzheitsmethode. Und das ging folgendermaßen vor sich: Fräulein Albers hielt ein Pappschild mit einem Wort in Druckbuchstaben hoch, mit der anderen Hand hob sie das dazugehörige Bild in die Höhe. Sahen die Kinder zum Beispiel das Wort „Sonne", dann ging daneben die leuchtende Sonne auf. Die Worte wurden nach ihrem Schriftbild auswendig gelernt. Maria erwies sich für diese Methode als gut geeignet, sie lernte das Lesen schnell, aber die Kinder, die man heute Legastheniker nennen würde, scheiterten kläglich. Vier Jahre später würde Detlef das Lesen wieder mit der Buchstabiermethode erlernen.

Der blaue Fleck

Wenn Hermann und Grete nachmittags in den Stall gingen, um das Vieh zu versorgen und die Kühe zu melken, beaufsichtigte Maria die kleinen Brüder. Das war eine unausgesprochene Selbstverständlichkeit. An einem Vorfrühlingstag im März 1959 war das auch der Fall. Andreas schlief in seinem beigefarbenen Korbkinderwagen, Detlef saß auf dem Teppich im Wohnzimmer und baute Türme aus Holzbauklötzen. So nutzte Maria die Zeit, um mit dem neuen Füller Schreibschriftbuchstaben in ihr Schönschriftheft zu malen. Es gelang ihr, die geschwungenen Buchstaben flüssig und gleichmäßig aneinanderzureihen. Sie wollte eine gute Zensur in Schönschrift bekommen und gab sich sichtlich Mühe. Allmählich ging die Tinte im Füllfederhalter zur Neige, und Maria holte sich das Tintenfass von Vaters Schreibtisch heran. Sie schaffte es auch, den Kolben des Füllers nach oben zu ziehen, während sie die Feder in die Tinte hielt. Stolz auf ihre Leistung, streifte sie die überschüssige Tinte auf einem Löschblatt ab und vertiefte sich wieder in ihr Heft. Detlef war noch stiller als gewöhnlich, und irgendwann fiel das dem Mädchen auf. Es blickte sich zu dem Bruder um. Maria erschrak augenblicklich! Das Tintenfass lag offen auf dem Teppich und Detlef staunte über den blauen See, der sich darauf gebildet hatte. Oh, Gott, was sollte sie nur tun? Ihr Herz klopfte wie wild und die Beine fingen an zu zittern. Sie rannte in die Küche, um den Spüllappen zu holen. Sie wischte und rieb, sie tupfte und rubbelte. Mit dem Ergebnis, dass der Tintenfleck nur noch größer wurde. Was würden die Eltern sagen? Sie hatte die ganze Schuld, es war ihre Aufgabe, auf Detlef aufzupassen. Das Mädchen war total verzweifelt, der Teppich war ruiniert, ein neuer wäre nicht zu bezahlen, wie sollte sie das wiedergutmachen? Eine große Panik bemächtigte sich des Mädchens! Von Angst getrieben ergriff es die Flucht. Maria rannte nach draußen auf den Hof, dann weiter auf die Koppel, erreichte die Wiesen und rannte und rannte, bis sie keine Luft mehr bekam. Da hielt sie kurz an, blickte zum Elternhaus zurück, niemand war zu sehen. Dann versteckte sie sich hinter einem Knick. Als sie ruhiger wurde, begann sie über ihr Schicksal nachzudenken. Sturzbäche von Tränen rannen über ihr Gesicht, wie sollte es nur weitergehen? Allmählich dämmerte es schon, alles war still ringsumher, niemand schien sich für das Schicksal eines verzweifelten Kindes zu interessieren. Maria wusste nicht, wie lange sie schon hinter dem Knick gehockt hatte, und es war schon fast dunkel, als sie plötzlich Stimmen hörte. Sie riefen nach ihr. Da, jetzt hörte sie es ganz deutlich: „Maria, wo bist du? Komm nach Hause!" Es war die Stimme der Mutter, die sie rief, und sie klang aufgeregt und sehr besorgt. Nun rief auch der Vater ihren Namen: „Komm her, Kind, es ist dunkel, du bekommst keine Strafe!" Das Rufen kam näher. Maria war ganz aufgelöst vor Kummer und vor Sehnsucht nach ihren Lieben. Ihre Beine waren von der hockenden Haltung gefühllos geworden und der Kopf schmerzte vom vielen Weinen. Draußen war es schon empfindlich kalt und sie hatte keine Jacke angezogen, jetzt aber zitterte sie vor Kälte. „Mariechen, komm zu mir!" Die Mutter schrie es voll Furcht. Da konnte das Kind nicht mehr warten, es sprang auf und

rannte in die Richtung der Stimmen, es lief geradewegs in die Arme der Mutti, die es auffing, drückte und küsste und beruhigte. „Mach das nie, nie wieder", sagte der Vater nur.
Grete rückte dem Teppich mit Seifenlauge zu Leibe, die Tinte verschwand, dafür blieb ein heller Fleck, der unter der Chaiselongue verborgen wurde, indem man den Teppich einfach drehte.

Im Klassenzimmer

Milchvieherlebnisse

Wenn die Tage länger und milder wurden und das Gras saftig und hoch war, trieb Hermann seine Kühe auf die Weide. Nur zum Melken wurden sie morgens und abends in den Stall geholt. Inzwischen gab es nämlich eine elektrische Melkmaschine, die fest im Stall installiert war.

Da Hermann einige Weiden von den Nachbarn dazu gepachtet hatte, legten die Kühe manchmal einen längeren Weg Richtung Stall zurück. Oft hatte Maria die Aufgabe, die Herde heimzuholen. Dann nahm sie ihren Bruder Detlef mit, der sich freute, dass er auch schon helfen durfte. Die Kühe kannten Maria gut. Wenn sie an der Weide ankam, dann rief sie ganz laut: „Komm, Pulli, Pulli, komm!" Die rotbraunen Angeliter spitzten die Ohren, schauten auf und kamen angerannt. Dabei ließen sie ein freudiges Muhen ertönen. Maria öffnete den Weidezaundraht an einem isolierten Griff und übernahm die Führung der Herde. Sie rannte vor ihr her, über den Feldweg, durch den Buchenwald, am Acker vorbei, bis sie auf der heimischen Wiese ankam, von wo man die geöffnete Stalltür schon sehen konnte. Detlef bildete die Nachhut, er lief am Ende des Milchviehzugs hinter den Kühen her. Beim Lauf durch den Wald blickte Maria sich häufig um, ob alle Tiere brav folgten, denn diese Wegstrecke war die schwierigste. Wenn eins in der Gefolgschaft trödelte, weil es etwas Interessantes zu beschnuppern gab, war Detlef an der Reihe, mit seiner Weidenrute auf das Hinterteil des Tieres eine Aufforderung zum Weiterzug zu klatschen. "Kühe holen" war immer ein großer

Spaß für die Kinder und eine Verantwortung, die sie ernst nahmen.

Hermann hatte für seine kleine Herde keinen eigenen Zuchtbullen. Damit es nämlich immer Nachwuchs im Kuhstall gab, wurden die Milchkühe vom Haustierarzt Dr. Brogmus mit Bullensperma besamt. An einem sonnigen Maitag wurde Marias Lieblingskuh Karola bullig. Hermann hatte inzwischen Telefon im Haus und rief den Tierarzt an, der am Nachmittag mit einer Portion wertvollem Samen eintraf. Er zog sich einen grauen Arbeitskittel an, schlüpfte in seine Gummistiefel, streifte sich lange Plastikhandschuhe über Hände und Arme und marschierte mit Hermann in die Weide. Marias Interesse war geweckt, diesmal wollte sie ganz genau wissen, wie so eine Besamung durchgeführt wurde. Sie zog ihre Gummistiefel an und folgte eilig den beiden Männern über die Wiese. Hermann trat an Karola heran, streichelte sie und nahm ihren Kopf in den Arm. Sie muhte ihrem Herrn ein Willkommen entgegen und stand ganz still.

Maria streichelt ihre Lieblingskuh Karola.
(Man beachte die Gummistiefel!)

Dr. Brogmus zog den Samen auf eine Pipette. Dann hob er den Schwanz der Kuh und führte seinen rechten Arm in den After des Tieres ein, mit der linken Hand hob er die Pipette und steckte sie vorsichtig, Schritt für Schritt, in die Scheide der Kuh. Maria hatte sich ganz nah herangewagt und verfolgte mit angehaltenem Atem die Prozedur. Sie stand direkt neben dem Tierarzt und schaute nach oben. Sie wollte alles aus nächster Nähe sehen. Karola bewegte sich nicht. Mit der Hand im After ertastete der Doktor die Gebärmutter, schob die Pipette noch etwas vor und entleerte sie. Dann zog er langsam beide Arme heraus. Im selben Moment entledigte sich Karola ihrer Kuhfladen, nur dass sie noch keine Fladen waren, sondern dünnflüssige Kuhscheiße. Diese ergoss sich in penetranter Weise über Marias Kopf. Sie schrie laut auf, Karola machte einen Satz nach vorn und die beiden Männer, die die Bescherung sahen und rochen, bogen sich vor Lachen. Dr. Brogmus, der noch nie ein Kind voller Kuhscheiße gesehen hatte, kriegte sich nicht wieder ein. Er lachte und lachte, lachte noch auf dem nächsten Hof, wo er einen Eber kastrieren sollte. Bestimmt wurde die Naht nicht sehr exakt. Grete hatte das Schreien ihrer Tochter bis ins Haus gehört. Da sie aber danach ein Gelächter vernahm, machte sie sich keine Sorgen, trat aber in die Tür, um zu schauen, was passiert wäre.

Heulend kam ihr Töchterchen angerannt, auf dem Haar klebte eine grünbraune stinkende Paste, der Pullover war gleichermaßen bekleckert, und Maria schrie: „Mutti, Mutti, die Karola hat mir auf den Kopf geschissen!" Da konnte auch Grete nicht mehr an sich halten. Sie lachte, bis ihr die Tränen kamen, es waren so viele, dass sie die mit ihrer Schürze abwischen musste. Dann holte sie Wasser von der Pumpe, setzte den Kessel auf den Herd und legte Handtücher und Shampoo bereit. Am Abendbrottisch saß Maria wieder blitzblank, die Haare frisch gewaschen und nach Seife und Kräutern duftend. Die stinkende Kleidung war eingeweicht und sonst war kein Schaden zu vermelden. Hermann hoffte auf ein gesundes Kälbchen im Februar.

Mit den Eltern auf der Kuhweide

Nachbarschaftsschicksale

Gegenüber Marias Elternhaus, auf der anderen Straßenseite, lag die kleine Kate von Bertha Jansen und ihrer hoch betagten Mutter. Sie fristeten ein bescheidenes Dasein, denn Geld hatten sie kaum. Tante Bertha hielt eine Milchkuh, die sic morgens und abends mit der Hand melkte. Die gewonnene Milch, die vom Eigenverbrauch übrig blieb, schickte sie mit Hermanns Milchkutsche zur Meierei. Außerdem mästete sie zwei Schweine, von denen eins verkauft wurde. Das zweite sicherte die Versorgung mit Fleisch. Ein paar Hühner scharrten im Hof und legten Eier in haushaltsnahen Mengen. Auf dem großen Gartengrundstück standen Obstbäume, und die Gemüsebeete ließen Berthas grünen Daumen erkennen. Sonst benötigten die beiden Frauen nicht viel. Bertha Jansen mochte die Menschen nicht, mit Ausnahme der kleinen Kinder, sie ging selten in die Öffentlichkeit und hatte kaum Kontakte. Sie war ein Sonderling und redete mit ihren Tieren. Dieses verschrobene Verhalten lag an ihrem Schicksal und an der schweren Schuld, die sie auf sich geladen hatte. Sie wog so schwer, dass unter der Last auf ihren Schultern die Beine nachgaben, weich wurden und sich verformten. Bertha litt an Knochenerweichung. 1900 war ihr Geburtsjahr und sie hatte das Elternhaus, genau wie ihre Geschwister, früh verlassen, um dem despotischen Vater zu entfliehen. In Bremen hatte sie eine Stelle im Haushalt angenommen, die ihren Lebensunterhalt sicherte. Es konnte nicht ausbleiben, dass sie einen jungen Seemann kennen lernte, der ihr, zum ersten Mal in ihrem Leben, Wärme

und Zärtlichkeit zukommen ließ. Als sie die Schwangerschaft bemerkte, war er längst wieder auf hoher See. Natürlich verlor sie sofort ihre Anstellung. In ihrer großen Not blieb ihr nichts anderes übrig, als ins Elternhaus zurückzukehren. Sie kam dort ohne ihr Kind an. Dem Säugling war nur ein kurzes Leben vergönnt gewesen, welches nämlich gewaltsam beendet wurde. Die Furcht vor dem Vater war übermächtig, er hätte sie totgeschlagen, wenn sie ein uneheliches Kind mit nach Hause gebracht hätte!
Christoff Jansen hatte sein Geld Anfang des Jahrhunderts beim Eisenbahnbau in Afrika gemacht. Dort war er ein brutaler Aufseher über Arbeitstrupps mit Farbigen gewesen. 1909 konnte er dann in Faulückfeld den Grundbesitz erwerben und herrschte fortan über seine Familie wie ein Sklaventreiber, unterbrochen nur durch den Einsatz als Soldat im 1. Weltkrieg. Der Gott der Gerechtigkeit sandte ihm Siechtum und einen frühen Tod durch die Malaria. Bertha musste ihre Schuld im Gefängnis absitzen, die eigene Last konnte sie nie abwerfen. Nach Verbüßung ihrer Strafe kehrte sie zu ihrer Mutter, die inzwischen Witwe geworden war, zurück. Maria hielt sich gerne bei Tante Bertha und ihrer Mutter auf. Dort hatte man Zeit zum Geschichten erzählen und zum „Mensch ärgere dich nicht" spielen. Das Mädchen begleitete die Nachbarin zum Melken oder half bei der Gartenarbeit mit. Manchmal aß sie dort zu Mittag oder übernachtete in Berthas winzigem Schlafraum. Maria hatte eine Ersatzoma gefunden und Tante Bertha konnte ihren verhinderten Mutterinstinkt ausleben. Diese innige Beziehung ging solange gut, bis Maria in die Pubertät kam und sich allmählich

für das andere Geschlecht interessierte. Das Verhältnis kühlte sich mehr und mehr ab, bis es ganz zum Erliegen kam. Damals hatte Maria noch keine Erklärung für diese Veränderung, aber sie machte sich auch keine großen Gedanken.

Im Haus der Jansen-Frauen war nach dem Krieg eine Flüchtlingsfrau zwangsweise einquartiert worden. Bertha hatte sich vehement dagegen gewehrt, musste sich aber den Behörden beugen. Seitdem verfolgte sie die Vertriebene aus dem Osten mit ihrem Hass.

Sie schikanierte und verunglimpfte dieses arme Menschenkind, wo sie nur konnte. Maria hatte Mitleid mit dieser Frau, die so elend aussah und so merkwürdig sprach. Oft sah sie das blasse Gesicht am Fenster gegenüber traurig nach draußen starren. Irgendwann ging die Flüchtlingsfrau fort, niemand interessierte sich dafür, wohin sie gegangen war, sogar der Name war vergessen worden.

Im Dienste der Feuerwehr

Endlich bekam Maria das ersehnte Fahrrad geschenkt. Der Vater übte mit ihr auf dem Hofplatz, indem er das Rad am Gepäckträger festhielt und hinterher lief, bis er nicht mehr zu Atem kam. Dann ließ er plötzlich los, Maria bemerkte das gar nicht, sie konnte prima das Gleichgewicht halten. Der lange Schulweg wurde nun auf zwei Rädern viel weniger beschwerlich. Außerdem konnten am Nachmittag die Freundinnen schnell mal besucht oder die Einkäufe für die Mutter erledigt werden.

Einmal im Jahr hatte Maria eine wichtige Aufgabe zu erfüllen: Sie musste die Mitglieder der Freiwilligen Feuerwehr Faulück zu ihrer Jahreshauptversammlung einladen. Dazu bekam sie vom Vater eine Liste mit den Namen und Adressen und den Text der Einladung mit auf den Weg. Maria plante die Route sorgfältig, dann fuhr sie von Hof zu Hof, denn die Bauern waren allesamt in der Feuerwehr. Die jüngeren aktive, die älteren passive Mitglieder. Bei allen Leuten wurde sie freundlich empfangen, bekam Plätzchen, Obst oder Bonbons geschenkt und ließ sich die Einladung mit einer Unterschrift bestätigen. Diese wichtige Tour machte dem Mädchen großen Spaß, am liebsten aber besuchte es die Dorfschmiede. Da gab es eine Menge zu beobachten, besonders, wenn gerade ein Pferd zu beschlagen war. Peter Rojem, der alte Schmied, nahm nacheinander die Eisen ab, schnitt die Hornschicht am Huf zurück und raspelte die äußere Unterseite des Tragrandes ab, bis er wieder glatt und gleichmäßig war. Dann hielt er das Eisen ins Schmiedefeuer, bearbeitete es auf seinem Amboss mit einem riesigen Hammer und drückte das rot glühende Eisen gegen die Unterseite des Hufes. Dies verursachte dem Pferd keine Schmerzen, da das Eisen nur auf die unempfindliche Hornschicht gepresst und anschließend mit Spezialnägeln befestigt wurde. Es stank nur gewaltig nach verbranntem Horn.

Maria bestaunte den alten Schmiedeofen und den großen Blasebalg, der das Feuer anheizte, sie schaute sich die gewaltigen Zangen an, die das Eisenteil im Feuer festhielten, und nahm die gesamte rußige Welt der Schmiede in sich auf. Peter Rojem hatte Freude daran, dem Mädchen allerlei zu erklären und führte es in seiner Werkstatt herum, wenn er die Zeit dazu hatte. Am Ende entließ er das Kind mit den Worten: „Maria, du solltest auch eine Feuerwehruniform tragen, denn du bist ja eine von uns!"

Diese Worte machten Maria stolz und glücklich! Am Abend, wenn sie von ihrer Einladungstour zurück nach Hause kam, erhielt sie vom Vater 5 Mark für diesen Dienst im Auftrag der Freiwilligen Feuerwehr. Das Geld steckte sie in ihre Spardose.

In späteren Jahren wurden die Einladungen mit der Post verschickt. Die alte Schmiede wurde dicht gemacht, denn es gab keine Pferde mehr zu beschlagen, und die Landwirte brachten ihre beschädigten Pflugschare zum Landmaschinenhändler. Der alte Schmied ging in den Ruhestand und man kann sich denken, dass ihm der Klönschnack mit den Bauern sehr fehlte. 1990 erwerben Marias Bruder Andreas und seine Frau Britta die alte Schmiede von der Witwe Rojem und machen sie zu einem Schmuckstück in der Dorfmitte.

Hula, Heu und Hacke

Eines Tages, kurz vor Pfingsten, kam Hermann mit zwei Hula-Hoop-Reifen und einer neuen Rübenhacke aus Kappeln zurück. Die Reifen waren der allerneueste Freizeitspaß aus Amerika und die Kinder stürzten sich mit einem Begeisterungsschrei auf die bunten Plastikringe. Sogleich übte Maria den Hüftschwung, mal links herum, mal rechts herum, aber nach wenigen Umrundungen der Taille gab der Reifen infolge mangelnden Schwungs auf und plumpste auf den Boden."Das war ja gar nicht so einfach!" Auch die Mutter wollte es einmal probieren, musste aber beim Hüftkreisen so doll lachen, dass der Reifen keine Chance hatte, seine Runden zu drehen. Nun wollte es auch der Vater wissen, doch er ging mit zu viel Kraft an die Sache heran. Es war eine feine Motorik gefragt, die Körper und Reifen in Einklang brachte. Hermann verlor bald das Interesse an dem Spielzeug. Nur Detlef war restlos glücklich mit seinem blauen Hula-Hoop. Er trieb ihn vor sich her wie ein Pferdchen oder sprang hinein und wieder heraus, benutzte ihn wie ein Springseil und war stundenlang beschäftigt. Der kleine Andreas saß im Kinderwagen vor der Küchentür und brabbelte in seiner Babysprache. Hin und wieder schaute er aufmerksam in die Richtung des lärmenden Treibens, erhob aber keinen Anspruch auf das Spielzeug der Großen. Maria übte verbissen weiter: Was ihre Freundinnen konnten, würde sie doch auch wohl schaffen. Allmählich bekam sie immer mehr Übung und sie zählte die erfolgreichen Umdrehungen im Geiste mit. Sie war keine besondere Sportskanone, würde auch nie eine werden und ihre Hula-Hoop-Übungen reichten an keine Kür heran, aber sie machten großen Spaß.

Am Pfingstmontag nahm der Vati Maria zur Seite und setzte ein wichtiges Gesicht auf: „Du bist jetzt alt genug, um beim Rübenhacken zu helfen, die neue Hacke hast du ja schon gesehen, sie ist leicht und schön scharf, sie gehört nun dir." Das Kind war ganz stolz, es sollte den Eltern bei der wichtigen Feldarbeit helfen. Hermann brachte Frau und Tochter samt Rübenhacken mit dem Traktor zum Rübenfeld, dann fuhr er weiter zum Heu machen. Grete zeigte dem Mädchen, wie man die kleinen Rübenpflanzen vereinzelt. Sie waren dicht an dicht in langen Reihen gesät worden, und nun sollte etwa alle 20 cm eine einzelne Rübe, die kräftigste, stehen bleiben. Die übrigen Rüben und das Unkraut wurden weggehackt. Grete übernahm die erste Reihe und hackte voran, Maria folgte mit der nächsten Reihe. Anfangs kam sie sehr langsam vorwärts und musste oft die Finger zu Hilfe nehmen, doch allmählich bekam sie doch Übung im Hacken. Hin und wieder lief Grete zurück und begutachtete die Arbeit ihrer kleinen Tochter. Sie war zufrieden mit dem Ergebnis.

Die Reihen waren endlos lang! Maria war durstig, die Sonne brannte auf die ungeschützte Haut. Maria mühte sich verbissen ab, den Anforderungen gerecht zu werden. Der Nacken und die Oberarme taten gehörig weh. Maria schmerzte auch der Rücken und sie musste sich immer wieder aufrichten, um sich zu entlasten. Bald hatte sie Blasen an den Händen, die aufplatzten und das rohe Fleisch zum Vorschein brachten, aber sie beklagte sich nicht. Die Eltern benötigten ihre Hilfe und sie würde eine gute Hilfe sein! Trotzdem empfand

Maria eine große Erleichterung, als der Vater mit dem Traktor kam, um sie und die Mutter nach Hause zu holen. Hermann hatte das Heu gewendet und auf Reihen gezogen, es kündigte sich eine gute Heuernte an, wenn das Wetter so warm bliebe. Abends fiel Maria todmüde ins Bett, aber sie war glücklich: die Eltern hatten sie gelobt.

In der Woche nach Pfingsten verbrachte Maria die Nachmittage entweder auf dem Rübenfeld oder bei der Heuernte.

Das Mädchen liebte den würzigen Duft des getrockneten Grases und das Toben und Spielen auf der Heuwiese rund um die Heureuter herum. Heureuter waren Konstruktionen aus drei aufgestellten langen Holzstangen, die an der Spitze zusammengeführt wurden. Etwa 60 cm über dem Erdboden befanden sich an den Stangen Drahtösen.

Durch diese wurden drei Querstangen geschoben, auf welchen die erste Lage Heu aufgesetzt wurde. Darauf kam dann die nächste Lage und die übernächste, immer so weiter, dachziegelartig, bis die Spitze des Heureuters erreicht war. Nun war das getrocknete Gras vor dem feuchten Boden geschützt, der Regen konnte nur die äußerste Schicht durchdringen und von innen wurde es gut belüftet. Für die Kinder war dieses Heu-Tipi der allerschönste Platz zum Spielen und Verstecken. Leider sieht man heute keine mehr, sondern nur riesenhafte, ganz in Plastik eingewickelte Ballen, welche große Mengen von welkem Gras in sich bergen.

Hermann türmte das Heu, das er mit dem Schlepper in Reihen gezogen hatte, mit der Forke auf die Reuter. Maria half ihrer Mutter, das Heu aus den Ecken und

Reihen zusammenzuharken. Dafür benutzten sie große Holzharken mit weit auseinander stehenden Zinken. Grete hatte bei dieser Arbeit gerötete Augen und eine laufende Nase. Sie litt stark unter Heuschnupfen, aber darauf konnte niemand Rücksicht nehmen.

Wenn das Heu richtig durchgetrocknet war, holte Hermann die Reuter mit dem Trecker nach Hause. Er hatte sich zwei Eisenträger an der Ackerschiene befestigt, fuhr damit unter die Holzkonstruktion, hob sie mit der Hydraulik hoch und dann ging es ab mit dem Heu in die heimische Scheune. Dort stakte Hermann die duftende Ernte nach oben auf den Heuboden, wo Grete und Maria sie in Empfang nahmen, an den Lagerplatz schoben und auftürmten. In den Wintermonaten, wenn das Vieh im Stall stand, schob Hermann Tag für Tag eine Portion Heu zurück zur Luke und warf es den Kühen zum Fressen vor. Dabei rieselten jedes Mal Staub und kleine Halmreste durch die Holzbretterdecke hinab ins Wohnzimmer, in dem Grete zur Dämmerstunde mit den Kindern sang oder Geschichten erzählte.

Der Besuch

Grete bekam Besuch von ihrer jüngeren Schwester aus dem Ruhrgebiet. Tante Erna war nach der Flucht in Essen heimisch geworden, hatte dort einen Melker geheiratet und lebte auf einem großen Gut am Stadtrand in einer winzigen Wohnung direkt über dem Kuhstall. Sie hatte keine Kinder bekommen und freute sich natürlich sehr darüber, Gretes Nachkommenschar zu verwöhnen. Sie brachte den Kindern wunderbare Geschenke aus der Großstadt mit. Maria packte ein leuchtend rotes Kleid mit einem weißen, spitzenbesetzten Petticoat aus. Es passte wie angegossen, der Rock bauschte sich weit um die Hüften und unter dem Saum blitzte der steife Petticoat hervor. Maria drehte sich vor dem Spiegel in Gretes Schlafstube hin und her und konnte sich gar nicht sattsehen. Detlef bekam eine blaue Bleyle-Hose mit passendem Pullover, noch nie hatte er etwas so Feines getragen. Er wagte kaum, sich zu bewegen. Klein-Andreas spielte sofort mit einem Stofftier, welches stolz den bekannten Knopf im Ohr trug.

Grete hatte nie ein besonders inniges Verhältnis zu ihrer Schwester gehabt. Die Frauen waren einfach zu verschieden. Trotzdem gab sie sich große Mühe mit dem Gast, sie sang und scherzte, kochte und backte, sie war froh gelaunt. Um so hilfloser und fassungsloser registrierte Maria folgende Begebenheit: Tante Erna hatte für die Erwachsenen Kaffee gekocht, die Mutti deckte den Tisch und stellte die Torte in die Mitte. Dann goss sie den Kaffee ein und konnte direkt auf den Grund der Tasse schauen.

„Was hast du denn da für einen Nylon-Kaffee gekocht, meine Liebe?", ließ sich Grete vernehmen. Der ironische Unterton war unverkennbar. Fast augenblicklich brach die Tante in Tränen aus und rannte schwer beleidigt aus dem Zimmer. Minuten später stand sie in Hut und Mantel mit dem Koffer in der Hand, bereit, das Weite zu suchen. Nun war Grete wirklich ärgerlich: „Wenn du einen Scherz nicht vertragen kannst und die Beleidigte spielen willst, dann fahr doch dahin wo du herkommst!" Erna wandte sich auf dem Absatz um und marschierte Richtung Haustür. „Warte", rief die Mutter ihr nach und suchte in aller Eile den Bleyle Anzug und das rote Kleid heraus, den Teddy konnte sie so schnell nicht finden, und warf alles der Schwester hinterher. „Behalt deinen Mist!" Maria war traurig und enttäuscht. Warum hatte Mutti ihr nicht das schöne Kleid gelassen? Sie hatte so hübsch darin ausgesehen. Die Mutter hasste die Farbe Rot. Die Sowjetsoldaten hatten einen roten Stern auf ihrer Uniform gehabt. Aber das konnte das Kind noch nicht wissen.

Grete und Hermann am Gartenzaun

Die Großeltern

Am 1. Juni 1959 stand die Tür zum Wohnzimmer des Großvaters offen, was ansonsten nur selten der Fall war. Heute war Theodors Geburtstag und die Kinder drückten sich in der Diele herum, um das lebhafte Geschehen in der Abnahmewohnung zu beobachten. Am Vormittag waren schon einige ältere Herrschaften eingetroffen, in altmodischem Sonntagsstaat mit Binder und gestärktem Kragen. Sie gehörten Theodors zahlreicher Verwandtschaft an, allesamt betagt, aber rüstig und guter Laune. Maria wunderte sich immer sehr darüber, dass die Eltern an dieser Feier nicht teilnahmen, es schien sie gar nicht zu interessieren, aber niemand erklärte es ihr.

Aus dem kleinen Zimmer drangen die Gesprächsfetzen heraus, Pfeifen- und Zigarrenrauch zog in die Diele, Gläser klirrten und das eine oder andere Lied wurde gesungen. Eine gute Stimmung! Ein alter Herr steckte seinen Kopf durch die Tür, entdeckte das kleine Mädchen und winkte es zu sich. „Na, min Deern, wie heßt du denn?", fragte er freundlich. Maria gab höflich Antwort, auch auf Fragen nach dem Alter, nach schulischen Leistungen und Interessen. Dem Mann schien zu gefallen, was er zu hören bekam, und zog das Mädchen mit sich in die verqualmte Stube. Maria fühlte sich unwohl und verlegen in der ungewohnten Umgebung. Die Verwandtschaft musterte sie, diskutierte, redete gut zu und nahm ihr die Befangenheit. Inzwischen hatte man auch Detlef hereingeholt, der in ähnlicher Weise befragt wurde wie seine Schwester, nur mit dem Zusatz, ob er denn auch Soldat werden möchte. Die Herren hatten noch zu Kaiser Wilhelms Zeiten gedient, die Verteidigung des Vaterlandes war ihr fest verankertes Ideal.

Maria überlegte sich, was es wohl zu essen gegeben hatte. Auf dem Tisch standen nur Gläser und einige Flaschen Wein und Likör. Nachmittags würde noch Tante Anni kommen, die einzige Tochter des Großvaters. Die Tante brachte immer Kuchen zum Geburtstag ihres Vaters mit. Mutti hatte keinen gebacken!

Die Altenteilerwohnung, auch Abnahme genannt, bestand aus Wohnzimmer, Schlafkammer und einem Küchenraum, der nicht als Küche genutzt wurde. Das Kochen erledigte die Haushälterin des Opas in der Waschküche, die sich im Wirtschaftsgebäude nebenan befand.

Die Haushälterin hieß Else und war der Hauptgrund für das schlechte Verhältnis zwischen Theodor und der jungen Familie. Der Großvater hatte die ledige Frau nach dem tragischen Tod seiner Ehefrau Marie im Jahre 1946 als Haushälterin eingestellt. Hermann war damals in russischer Kriegsgefangenschaft, niemand hatte ein Lebenszeichen von ihm erhalten, er galt als vermisst. Else hatte sich viel von ihrer Anstellung bei Theodor Flüh erhofft. Sie sah sich als künftige Ehefrau des Alten und somit als Hausherrin. Sie wurde aber bitter enttäuscht! Hermann kehrte 1947 gesund nach Hause zurück, lernte seine Grete kennen und nahm das Flüchtlingsmädchen 1949 zu seiner Ehefrau. Gemeinsam übernahmen sie die Führung von Betrieb und Haushalt. Else musste weichen! Sie hielt aber die Verbindung zum Großvater aufrecht und stocherte, verleumdete und intrigierte solange, bis die Familie

Flüh zerrüttet war. Theodor hatte sowieso schon große Vorurteile gegen Flüchtlinge gehabt, nun fand er immerzu etwas an seiner Schwiegertochter zu bemäkeln: Das Essen schmeckte ihm nicht, die Arbeit ging nicht schnell genug von der Hand, die Ausdrucksweise ihrer Sprache war ihm fremd und vieles mehr. Gewiss gesellte sich auch eine gehörige Portion Neid zu den negativen Gefühlen, Neid auf das junge Glück. Immer häufiger gab es Krach!

Hermann stand fest zu seiner Grete, und eines Tages warf er seinen Vater aus der gemeinsamen Küche heraus. Theodor hatte das Mittagessen als pommerschen Fraß betitelt.

Nun kam Else wieder zum Zug. Sie quartierte sich beim Großvater ein, - niemand wusste, wo sie schlief - kochte Buchweizengrütze in der Waschküche und hetzte, was das Zeug hielt. Ihr großer Hass hatte ein Ventil und den Dampf ließ sie kontinuierlich ab. Bei Theodor war es die Abwesenheit von Liebe, die den Boden dafür fruchtbar machte.

Im Jahre 1959 war Else 59 Jahre alt, aber die Kinder fanden sie uralt und unheimlich. Ihre gebeugte magere Gestalt hüllte sie in unförmige Lumpen. Die dünnen grauen Haare waren am Kopf festgeklammert und meist von einem Kopftuch bedeckt. Ihr rechtes Auge hatte eine dauerhafte Einblutung, aber ihr leichter Silberblick war klar und aufmerksam. Else hatte eine schrille hohe Stimme und damit konnte sie sich sehr gut ausdrücken. Sie war nicht dumm, nur sonderlich. Wenn sie aus dem Wald mit einem Bündel Brennholz auf dem Rücken zurückkam, dann erinnerte sie die Kinder stets an die Hexe aus dem Märchenbuch.

Dazu gehörte weiß Gott nicht viel Fantasie. An eine Begebenheit mit ihr würde Maria sich lebenslang erinnern: An einem Sommertag kam sie mit einem bunten Feldblumenstrauß für die Mutti nach Hause. Sie hatte die schönsten Blüten gepflückt, die sie finden konnte. Kornblumen, Mohn und Margeriten. Fröhlich zeigte sie den Strauß der Tante Else, die draußen an der Pumpe die Töpfe auswusch. Else schaute verächtlich auf die Blumen und sagte folgenden Satz: „Eine Blume ohne Blatt schenkt man dem, der keine Ehre hat!" Jegliche Freude fiel von dem Kind ab, es kannte schon die Bedeutung von Ehre und Ehrbarkeit. Du sollst deinen Vater und deine Mutter ehren! Maria wollte das vierte Gebot einhalten, und so suchte sie sich die passenden Blätter für ihren Blumenstrauß. Sie würde in ihrem Leben noch viele schöne Blumensträuße binden, aber niemals, ohne die Blätter zu vergessen.

Der Großvater hatte 1910 die kleine Landstelle an der Bundesstraße erworben. Er war einer der weichenden Erben eines Hofes, den sein älterer Bruder erhalten hatte. Als Hilfsarbeiter im Bauhandwerk hatte sich Theodor Geld verdient und jeden Groschen gespart. Es wurde viel gebaut im Anfang des 20. Jahrhunderts. Da starb plötzlich der Bruder auf dem elterlichen Hof und hinterließ Frau und 4 Kinder. Die Mutter drängte Theodor zu einer Heirat mit seiner verwitweten Schwägerin, aber er hatte schon eine andere junge Frau ins Auge gefasst, die er nach Faulückfeld in sein Haus bringen wollte. Marie Jessen war Bauerntochter aus Mittelangeln und wunderhübsch. Mit ihren verträumten Rehaugen und den feinen Gesichtszügen hatte sie ihn verzaubert. Ihre zierliche Gestalt, die durchaus frauliche Rundungen aufwies, weckte sein Begehren aufs Heftigste. Er hielt um Maries Hand an und hatte Erfolg, denn sie fühlte sich zu dem zielstrebigen jungen Mann hingezogen. Die Hochzeit wurde im März des Jahres 1912 gefeiert, und schon 4 Wochen später wurde die gemeinsame Tochter Anni geboren. Die Entbindung war eine unmenschliche Tortur für die junge Frau, eine Steißlage bei einem sehr engen Geburtskanal. Man musste einen Arzt hinzuziehen, der die Gebärende auf den Küchentisch legen ließ, um mit der Zange das Kind zu holen. Die Schreie der Mutter hörte man in der gesamten Nachbarschaft. Zum Glück war die kleine Anni, ohne Schaden zu nehmen, auf die Welt gekommen! Sie sollte 14 Jahre, bis auf eine kurzzeitige Ausnahme, ein Einzelkind bleiben. Die beiden kleinen Jungen, die in späteren Jahren auf die Welt geholt wurden, überstanden die Strapazen ihrer Geburt nicht. Als Anni zwei Jahre alt war, wurde der kleine Asmus geboren. Ihm war nur ein kurzes Leben vergönnt, denn er starb in seinem dritten Lebensjahr an einer mysteriösen Augenkrankheit. Marie hatte ihren kleinen Sohn noch nach Kiel in die Universitätsklinik bringen können, aber von dort nur einen Totenschein zurück erhalten. Sie hat nie an seinem Grab weinen dürfen und für Trauer war keine Zeit, denn sie war ganz allein auf dem Hof. Ihr Mann kämpfte für Kaiser und Vaterland im 1. Weltkrieg. Marie ackerte mit dem Pferd, sie mistete, fütterte, melkte die Kühe, sie rackerte sich ab, ganz auf sich gestellt, vom frühen Morgen bis in den Abend. Ihre Tochter band sie tagsüber mit einem Strick am Rotdornbaum fest. Sie hatte keine andere Möglichkeit, Arbeit und Kind unter einen Hut zu bringen.

Wenn Theodor „auf Urlaub" nach Hause kam, verlangte ihn nach Sex mit seiner hübschen Frau. Marie versuchte dieser ehelichen Pflicht möglichst aus dem Weg zu gehen. Die grausamen Entbindungen hatten sie traumatisiert und sie wollte nicht wieder schwanger werden, nicht noch einmal diese Qualen erleiden. Ihr Mann ließ sich nicht so leicht abwimmeln und so kamen in den Kriegsjahren zwei weitere Jungen, von denen schon berichtet wurde, zur Welt. Sie starben noch während oder kurz nach der Entbindung.

Nach 1918, als Theodor wieder zuhause war, ging es langsam aufwärts mit der Landwirtschaft. Sie hatten ein bescheidenes Auskommen, denn Theodor verdiente mit Maurerarbeiten etwas dazu. Nun klebte er für seine Rente, erweiterte die Wirtschaftsgebäude und richtete seiner Frau das Haus hübsch wohnlich ein. Aus einer Konkursmasse erstand er edle Wohnzimmermöbel mit gedrechselten Füßen und mit dickem roten Plüsch bezogen. Sie harmonierten vorzüglich mit dem roten Kachelofen, der in der besten Stube stand. Seine Frau sollte es schön haben.

Die Sitzmöbel sind bis zum heutigen Tage komplett erhalten geblieben und befinden sich im Besitz von Marias Bruder Detlef. Der rote Plüsch war allerdings gegen einen modernen Stoff ausgetauscht worden.

Die Ehe zwischen Theodor und Marie verlief nicht glücklich! Marie tat ihre Arbeit, war fleißig und gründlich, aber dem Ehebett verweigerte sie sich immer öfter. Das ging so weit, dass sie sich vor ihrem Mann versteckte, um dem Risiko einer Schwangerschaft aus

dem Wege zu gehen. Theodor reagierte mit Zorn und Unverständnis, und der Haussegen hing schief. Doch Marie wurde noch einmal schwanger. Am 18. Juli 1926 erblickte ihr Sohn Hermann das Licht der Welt, wieder eine schwierige Zangengeburt auf dem Küchentisch. Marie war schon 38 Jahre alt und brauchte eine lange Zeit, um sich von den Strapazen zu erholen. Sie wurde zunehmend depressiv und lebte in ständiger Angst vor weiteren Schwangerschaften. Hermann war kerngesund, entwickelte sich gut und wurde ein richtiger Lausbub. Marie liebte ihn über alles. Sie vergötterte und verwöhnte dieses Kind, machte es zu ihrem Lebenssinn und zu ihrer Zukunft. Theodor stand nun abseits in dieser Familie, seine Tochter Anni war längst in Stellung, seine Frau durfte er nicht mehr berühren und Hermann wurde von der Mutter vereinnahmt. Diese Situation machte ihn einsam und hart.
Theodor war im Kaiserreich erzogen worden. Er hatte absoluten Gehorsam und Obrigkeitsdenken gelernt. Immer noch bewunderte er schneidige Uniformen und das Soldatentum wie so viele in seiner Generation. Als die Nationalsozialisten die Macht in Deutschland übernahmen, sahen Marie und er zunächst nur die positiven Seiten wie Zucht und Ordnung, das Morgenrot im Osten sahen sie nicht. Sie ließen Hermann zu den Treffen der Jungschar ziehen, wähnten ihn in guten Händen. Schließlich hatten Jungen immer schon Freude an Kriegsspielen gehabt. Ihr Sohn sah doch so gut aus in seinem braunen Hemd und dem Schulterriemen. Erst als das Naziregime die jüdischen Geschäfte durch Plünderung und Zerstörung heimsuchte, bekamen Theodor und Marie eine Ahnung von dem, was

folgen sollte. Es ist überliefert, dass Marie durch vorbeiradelnde Bekannte aufgefordert wurde, sich in der Stadt an den schönen Stoffballen zu bedienen, die vor dem Laden der Kirschbaums auf der Straße lägen. „Alle holen sich gute Kleiderstoffe, komm schnell mit, Marie!" Darauf gab Marias Großmutter folgende Antwort: „Dor an will ick mi nich de Finger schiedig moken!"

Marie war verzweifelt, als der junge Hermann in den 2. Weltkrieg geschickt wurde. Er geriet schon früh in russische Gefangenschaft und seine Eltern bekamen kein Lebenszeichen. Marie verlor jegliche Freude, nicht einmal die Geburt des ersten Enkelkindes, das Anni im Juni 1946 zur Welt brachte, vermochte sie aus ihrer Schwermut zu reißen. Hermann trug immer ein Foto seiner Mutter bei sich. Eines Morgens, in einem Lager weit hinter dem Ural, bemerkte er den Verlust des Fotos. Es war nicht mehr in seiner Jackentasche! Da ahnte Hermann, dass seine Mutter nicht mehr am Leben war. Marie hatte sich auf dem Heuboden, direkt über ihrer schönen Wohnstube, erhängt.

Sie hatte keine Hoffnung mehr gehabt! Als der Sohn nach Hause zurückkehrte, da traute er sich kaum auf den elterlichen Hof, aus Angst, die geliebte Mutter nicht mehr vorzufinden.

Zu den Kriegstraumata gesellte sich ein weiteres.

Marias Großmutter (rechts) als Teenager mit ihrer Schwester

Die Kindergilde

Ein Höhepunkt des Jahres war die Kindergilde. Sie fand am Wochenende vor den großen Ferien statt und brachte das ganze Dorf auf die Beine. Die Hofeinfahrten und Gartenpforten wurden festlich mit grünen Zweigen, Blumen und bunten Fahnen geschmückt, ebenso die Erntewagen, nachdem sie gereinigt und mit Sitzbänken versehen worden waren. Die Pferdegespanne wurden nach der Gelassenheit der Zugpferde ausgesucht, sie durften ja bei Kindergeschrei und Blasmusik nicht durchgehen. Die Tiere wurden gebürstet und gestriegelt, was das Zeug hielt. Die Bäuerinnen backten Kuchen und holten ihre Saftvorräte aus den Kellern. Maria schlief schon Nächte vor dem großen Ereignis kaum ein.

Am Freitagnachmittag war es endlich soweit. Die Familien trafen sich auf dem kleinen Sportplatz hinter dem Schulgarten zu den Wettkämpfen. Je nach Jahrgang wurden Geschicklichkeit und Zielsicherheit gemessen. Die Schüler der unteren Klassen traten mit Eierlaufen, Sackhüpfen und Topfschlagen gegeneinander an. Die etwas älteren Kinder ermittelten ihre Besten durch Pfeile- oder Dosenwerfen und die oberen Jahrgänge durften sogar das Bogenschießen und das Luftgewehrschießen üben. An allen Schauplätzen wurde angefeuert, gelobt oder getröstet, und die Kinder wuselten aufgeregt mit erhitzten Köpfen auf dem Gelände umher. Am frühen Abend standen die Sieger eines jeden Jahrgangs fest. Pro Klasse immer ein Pärchen, das den Titel **König** und **Königin** erhielt. Den so geadelten Jungen und Mädchen wurde ehrenvoll eine Schärpe in den schleswig-holsteinischen Landesfarben Blau-Weiß-Rot umgehängt und ein Foto gemacht.

Maria gehörte nie zu den glücklichen Majestäten. Sie war nicht sportlich und zu ungeschickt bei derartigen Wettkämpfen, aber sie ließ sich ihre Enttäuschung nicht anmerken. Die Festlichkeiten waren das Wichtigste für sie und die waren wunderbar!

Am nächsten Morgen fand der Umzug durch das Dorf statt. Vor dem Schulgebäude standen die Pferdefuhrwerke bereit zur Abfahrt. Die Feuerwehrkapelle bestieg den ersten Wagen, gemeinsam mit den Lehrkräften und den Majestäten, die stolz mit ihren Schärpen auf den Bänken Platz nahmen. Die nächsten Wagengespanne waren dem gemeinen Schulvolk vorbehalten, das mit frohem Geplapper, in Erwartung eines schönen Tages, die Sitze einnahm. Die Kapelle stimmte den ersten Marsch an, die Pferde setzten sich in Bewegung, und los ging der fröhliche Umzug. Die Dorfbevölkerung hörte die Musik schon von Weitem und stellte sich winkend an die Straße. Schon wurde auf die erste Hofeinfahrt eingebogen, Fuhrwerk um Fuhrwerk umkreiste das Rondell auf der Mitte des Hofplatzes und kam zum Stehen. Die Bäuerin reichte Gläser mit Johannisbeersaft und Teller mit Butterkuchen hinauf zu den Kindern, die sich alles gut schmecken ließen. Die Erwachsenen oben auf den Wagen bekamen einen klaren Schnaps eingeschenkt - und schon ging es mit Musik und Gesang weiter. Hof um Hof wurde so angesteuert, Süssigkeiten und Kuchen angenommen und verteilt. Manch verstohlener Blick wurde zum Himmel geschickt, aber das Wetter zeigte sich auch von seiner besten Seite. Gegen Mittag endete der fröhliche Umzug wieder vor der Dorfschule. Schon im darauf folgenden Jahr sollte es nur unter größten Anstrengungen möglich sein, fünf Pferdegespanne für die festliche Rundfahrt gestellt zu bekommen - es gab kaum noch Pferde im Dorf. Nach dem Umzug rannten die Kinder mit einem beachtlichen Bonbonvorrat schnell nach Hause, um sich auf den Höhepunkt des Festes am Nachmittag vorzubereiten.

Maria hatte ein neues Perlonkleidchen bekommen. Es hatte pastellfarbene Streublümchen auf schneeweißem Grund und Biesen über dem Rocksaum. Um die Taille war ein weinrotes Samtband geschlungen und duftige Puffärmel umbauschten die Oberarme. Dazu trug das Mädchen weiße Söckchen und Sandalen. Die dünnen Zöpfe waren längst abgeschnitten worden und einem Bubikopf gewichen, der sich am Pony leicht kräuselte. Auch die Brüder waren mit weißen Hemden fein angezogen und hatten einen schnurgeraden Scheitel im kurzen Haar. Der Vati hatte die Treckerkiste mit Wolldecken ausgelegt und ließ seine Kinder dort einsteigen, Grete nahm auf dem Beifahrersitz Platz. So kutschierte Hermann seine Familie am Nachmittag nach Karschau zum Gasthaus „Seelust", das die Eheleute Dresler bewirtschafteten. Das Lokal war sehr schön gelegen, direkt an der Schlei. Ein befestigter Weg und einige Stufen führten hinunter zum Ufer der Ostseeförde. Der hölzerne Bootssteg verführte die Jungen immer wieder zu Balanceakrobatik an seinen Rändern. Die Gaststätte verfügte über einen schönen großen Saal, der zu diesem Anlass festlich mit Papiergirlanden und Fähnchen geschmückt worden war.

Nach dem gemeinsamen Kaffeetrinken wurde zum Tanz aufgespielt. Da waren Alt und Jung sofort auf den Beinen, um zu Polkaklängen quer durch den Saal zu hopsen. „Go von mi, go von mi, ik mag di nich sehn, kumm to mi, kumm to mi, ik bin so alleen, fiderallallala, fiderallallala, kumm to mi, kumm to mi, ik bin so alleen!" Das war ein wunderbares Tanzspiel, bei dem alle Beteiligten immer wieder ihre Tanzpartner wechselten. Auch das Spiel „Ach, lieber Schuster, du, mach du mir meine Schuh, die Schuh, die sind entzwei, der Schuster macht sie neu", wurde gerne getanzt. Dabei ging der Junge auf die Knie und stellte seinen linken Fuß auf, damit seine Partnerin ihm ihren rechten Fuß auf seinen Oberschenkel stellen konnte, wobei sie ihre Arme abwechselnd umeinander drehte und ausbreitete, um den Nähvorgang darzustellen. Danach tanzte das Pärchen eine Polka und dann ging die Schuhszene von vorne los. Man kann sich gut vorstellen, dass sich die eine oder andere Jungenhand um die Fesseln der Mädchen legte und zarte Bande knüpfte. Wie im Fluge verging der Nachmittag mit Spielen, Tanzen und Brause trinken. Hin und wieder rannten die erhitzten Kinder hinunter an die Schlei, um sich an der frischen Luft abzukühlen. Zaghaft wurden erste Flirts gewagt, und manches Paar aus den höheren Klassen verschwand hinter den Büschen der Uferböschung, den Blicken der Eltern entzogen, die in dieser Hinsicht wenig Toleranz zeigen mochten.

Am Abend trafen dann auch die letzten Väter ein, nachdem sie ihre Kühe gemolken hatten, und legten mit ihren Frauen eine flotte Sohle aufs Parkett. Maria erinnerte sich immer wieder gern daran, dass sie auf der Kindergilde den ersten Twist ihres Lebens getanzt hatte. Aber auch das schönste Schulfest ging einmal zu Ende. Der Schulleiter forderte alle Feiernden auf, sich im Saal im Kreis aufzustellen. Dann nahm man sich bei den Händen und sang das Lied „Kein schöner Land in dieser Zeit" und kaum ein Auge blieb dabei trocken. „Nun Brüder eine gute Nacht", das Fest war aus und die Gesellschaft strebte nach Hause, noch ganz gefangen im Eindruck der schönen Tage. In einer Woche würde es Sommerferien geben.

Endlich Sommerferien

Ende Juni begannen die großen Ferien und eine unbeschwerte Zeit für Maria.
Natürlich nur solange, bis die Getreideernte einsetzte, denn dabei wurden alle Hände gebraucht. Doch das war noch in weiter Ferne. Die schönen Frühsommertage luden zum Baden in der Schlei ein und die Kinder trafen sich am Nachmittag an der kleinen Badebucht in Karschau. An dieser Stelle war das Wasser seicht und wurde nur ganz allmählich tiefer, ideal für Schwimmer und Nichtschwimmer. Maria konnte noch nicht schwimmen, sie wagte sich auch nur bis in Taillenhöhe hinein, aber es machte großen Spaß, mit den Freundinnen herumzuplantschen. Die größeren Jungen probierten Köpper vom Bootssteg und schauten sich danach verstohlen zu den Mädchen um, ob sie auch ausreichend bewundert würden. Selten schipperte ein kleines Motorboot vorbei oder ein Freizeitsegler, denn die Touristen hatten die schöne Fördelandschaft noch nicht entdeckt. Wenn der Ausflugsdampfer „Wappen von Schleswig" vorbeituckerte, winkten die Kinder den Passagieren fröhlich zu und freuten sich über ein kurzzeitiges Wellenvergnügen.
An anderen Tagen streifte Maria durch die weiten Buchenwälder. Dort gab es immer etwas zu entdecken. Wenn sie Glück hatte, konnte sie eine Ricke mit ihrem Kitz beobachten. Dabei wusste das Mädchen genau, von welcher Seite es sich anschleichen musste, damit die Ricke nicht seine Witterung aufnahm. Eichhörnchen sprangen von Baum zu Baum, Buntspechte hämmerten sich Insekten aus den Baumrinden oder eine

Ringelnatter aalte sich auf der Lichtung wohlig in der Sonne.
Maria hatte einen idealen Kletterbaum entdeckt: Am Waldrand stand eine kräftige Buche mit weit ausladendem Geäst. Die starken Äste, die sich schon tief unten verzweigten, luden Maria förmlich ein, sich empor zu schwingen. Sie kletterte hoch und immer höher, bis die Äste dünner wurden und unter ihrem Gewicht schwankten. Dann suchte sie sich einen sicheren Platz und verbrachte Stunden auf „ihrem Baum". Sie dachte über Gott und die Welt nach, träumte sich in die Zukunft oder erfand sich Geschichten. Oft grübelte sie über ihre Familie nach. Warum mochte der Großvater sie nicht, warum gab es so oft Streit, warum war die Stimmung manchmal gedrückt? In einer Familie sollte doch jeder glücklich sein! Auf ihrer Buche umgab sie die Ruhe und Distanz, die sie manchmal brauchte. Maria war gern allein für sich, niemand störte sie, nur die Geräusche der Natur begleiteten die Baumkronenflucht. Niemand wusste davon.
Manchmal nahm Maria auch ihren Bruder Detlef mit auf ihre Streifzüge. Es wurden spannende Ausflüge geplant, mit Rucksack und Proviant. Der kleine Bruder war ganz aufgeregt, wenn er an ihrer Hand über Wiesen, Moore und Feldwege geführt wurde. Tapfer ertrug er auch die Verletzungen durch Brombeerranken an seinen nackten Beinen, und er jammerte auch nicht, wenn er müde wurde. Die Wälder dehnten sich endlos aus, hatten sie den ersten durchquert, erreichten sie schon den nächsten und den übernächsten. Maria ging aber nur so weit, wie sie sich auskannte, solang sie die Orientierung behielt. Bevor sie sich

nicht mehr zurecht fand, kehrte sie um. Auf einer abgemähten Wiese wurde Rast gemacht, die Butterbrote verzehrt und der Saft getrunken. Die Kinder legten sich in die Sonne und dichteten den Schönwetterwolken die fantasievollsten Gestalten an. Da erschienen Krokodile, Nashörner und Engel und verwandelten sich in Eulen, Drachen und Gespenster. Maria erfand für ihren Bruder Geschichten und sang mit ihm Wanderlieder. Es wurde noch viel gesungen in dieser Zeit. Dann ging es querfeldein nach Hause zurück. Unterwegs sahen sie noch einen Storch, der auf der Feuchtwiese nach Fröschen suchte. Ein Tier, das die Mutti nicht mochte!
Zuhause war Melkzeit. „Holt schon mal die Kühe", bat die Mutter ihre Großen. Niemand hatte sich Sorgen gemacht!

Marias Geburtstag fiel immer in die Sommerferien. Somit entgingen ihr die Glückwünsche der Schulkameraden, die nicht auf ihrer Feier eingeladen waren. Zwar wurde sie nach den Ferien auf dem großen Drehstuhl so oft herumgedreht wie sie alt geworden war, aber das war nicht so schön, als wenn sie wirklich Geburtstag gehabt hätte. Am Morgen des 8. Juli 1959 wachte Maria von einem kratzenden Geräusch auf. Was war das? Das Mädchen tapste schlaftrunken ans Fenster, denn das Scharren kam von draußen: Der Vati harkte mit kräftigem Armschwung die Gartenwege. Da wusste sie es wieder, heute war ihr 8. Geburtstag und alles sollte schön werden. Aufgeregt legte sie sich wieder in das große Eichenbett, das sie sich mit ihrem Bruder Detlef teilte und wartete auf das Wecken von der

Mutti. Ganz vorsichtig ging die Schlafzimmertür auf und Grete schlich ans Bett ihrer Tochter, im Arm trug sie einen riesigen Strauß frisch gepflückter Margeriten. „Herzlichen Glückwunsch, Mariechen", flüsterte die Mutter und legte dem Kind die Blumen auf die Bettdecke. Maria empfand ein warmes Glücksgefühl und umarmte die Mutti ganz fest. Der Geruch der Margeriten vermischte sich mit dem Stallgeruch der Mutter und verursachte ein anheimelndes Gefühl von Geborgenheit. Wie zu allen Geburtstagen war der Essplatz in der Küche mit Blüten umkränzt, Maria bekam Rollschuhe und das Buch Heidi von Johanna Spyri geschenkt, ein Roman, aus dem sie erfuhr, das Heimweh seelisch krank machen konnte. Das Mädchen interessierte sich während des Heranwachsens zunehmend für die psychischen Hintergründe mancher Verhaltensweisen ihrer Mitmenschen und träumte davon, Psychologin zu werden.
Zum Geburtstag durfte man sich wünschen, was es als Mittagessen geben sollte. Maria wünschte sich Eier in Senfsoße, ein bescheidener Wunsch, aber es war ihr Leibgericht, solange sie Kind war.
Später wünschte sie sich Kohlpudding, immer wenn sie zu einer kurzen Stippvisite in ihrem Elternhaus weilte. Grete bereitete das Gericht aus Weißkohl und Hackfleisch zu, welches, abwechselnd in einem Topf geschichtet, gegart wurde. Sie erfüllte die Wünsche ihrer Tochter gern. Nachmittags kamen die Nachbarskinder und die Schulfreundinnen zum Kindergeburtstag. Sie brachten kleine Geschenke mit, meist Schneiderbücher, die sie beim Kaufmann im Dorf erstanden. Man bekam auch Stofftaschentücher und Sammeltassen,

Poesiealben oder Tagebücher, Katzenzungen und Kartenspiele. Tante Annie hatte 6 silberne Kuchengabeln im Friesenmuster geschickt, denn es wurde mit 8 Jahren langsam Zeit, mit der Aussteuer zu beginnen.

Nach der Kuchenschlacht wurde eine Schnitzeljagd veranstaltet; die älteren Kinder übernahmen die Führung und los ging es durch das ganze Dorf. Die Kinder fanden Zettel für die weiteren Anweisungen unter Findlingen, in Astlöchern, unter Pumpenschwengeln und auf „Tante Meier", wie der Abort gerne genannt wurde. Als letzte Aufgabe galt es, einen Schatz zu finden, und der lag verborgen zwischen den beiden Stämmen der Doppeleiche in Form eines Kartons mit Negerküssen, die heute Schaumküsse heißen. Sie wurden augenblicklich gerettet und verspeist. Der Nachmittag ging mit solcherlei Beschäftigungen rasend schnell vorbei, und nach dem Abendbrot, welches aus Würstchen mit Kartoffelsalat bestand, gingen die Kinder alleine nach Hause. Maria hatte wieder einen schönen Geburtstag gehabt.

Erntezeit

Ende Juli holte Hermann seinen Mähbinder aus dem Schuppen und hängte ihn hinter den Schlepper. Jetzt war die Gerste reif und sollte mit diesem Gerät in einem Arbeitsgang abgemäht und mit Garn gebunden werden. Das Frühjahr und der Sommer waren bis jetzt sehr trocken gewesen und Hermann machte sich Sorgen um den Ertrag der Ernte. Aber zunächst galt es, das Getreide trocken und sicher einzufahren. Die ganze Familie und eine Frau aus der Nachbarschaft fanden sich auf dem Feld ein. Maria wunderte sich, dass sogar der Großvater mit aufs Feld fuhr. Er hatte die Aufgabe, hoch oben auf dem Selbstbinder die Technik zu überwachen und das Schneidwerk einzusetzen. Dafür nahm er auf einem Metallsitz Platz und hielt sich an einem Gestänge fest, das gleichzeitig Bedienungsfunktion hatte. Langsam fuhr Hermann mit seinem Gefährt an, die Frauen hoben die Garben, die der Selbstbinder auf die Stoppeln fallen ließ, auf, und stellten immer mehrere dieser Getreidebündel, gegeneinander gelehnt, zu Stiegen zusammen. Nun konnten die Getreideähren absterben und in der Sommerluft trocknen. Hoffentlich spielte dabei das Wetter mit!
Maria schleppte sich mit einer Garbe ab, die Halme scheuerten an ihren nackten Beinen und die Gerstengrannen piekten in Gesicht und Oberkörper. Das Laufen auf den Stoppeln machte Mühe, zudem stachen sie gemein in die Unterschenkel. Beim nächsten Ernteeinsatz würde sie ihre lange Trainingshose anziehen! Dazu kam noch die flimmernde Mittagshitze und der Staub der Erntemaschine. „Hallo, Mariechen,

hierher", rief die Mutter. Sie stand da mit zwei Garben in den Armen, Tante Irmi brachte die nächsten beiden, und das Kind setzte stolz seine Garbe dazu. So ging es den ganzen Nachmittag weiter. Langsam beneidete Maria ihren Vater, der auf dem Traktor saß und immer das Feld rauf und runter fuhr. Da hörte sie ihren Opa laut rufen: „Hermann, holt an, holt an!" Die Halme waren nicht gebunden worden und lagen lose auf dem Segeltuch der Maschine. Während sich die beiden Männer unter Fluchen an die Beseitigung der Störung machten, nutzte Grete die Zeit, sich um ihre beiden Kleinen zu kümmern. Detlef spielte im Schatten des Knicks mit Holzstöckchen und Steinen, die er dort gefunden hatte. Nebenan stand der Kinderwagen mit dem Jüngsten. Andreas weinte, hatte er doch die Windeln voll und großen Durst. Grete gab ihm sein Fläschchen und tröstete, die Windeln mussten warten. Detlef wurde gelobt, weil er so artig spielte und bei seinem Bruder blieb, Maria, weil sie so fleißig mithalf. Die Zwangspause ging schnell zu Ende, Hermann hatte das Bindegarn entwirrt und den Knoter wieder flott gemacht. So ging es weiter in Hitze und Staub mit Mähen und Stiegen aufstellen, bis Glieder und Kopf schmerzten, bis die Kühe brüllten, gemolken zu werden. Am Abend wusch man sich in der Küche notdürftig den Staub vom Körper. Von einem Duschbad wagte man nicht einmal zu träumen!

Zum Glück hielt das schöne Sommerwetter noch ein paar Tage an. Zeit, die Ernte einzufahren. Hermanns Freund aus Kindertagen, Nico Luth, kam von seinem Frühdienst bei der Bahn und fuhr den Trecker mit dem Erntewagen langsam vorwärts. Hermann stakte

mit einer Forke die Garben empor und Grete packte sie auf den Wagen, immer mit der Ährenseite nach innen. Maria blieb einstweilen daheim bei ihren Geschwistern. Aber wenn der beladende Wagen zuhause in der Scheune ankam, musste sie mithelfen. Der Vater stand dann auf dem Erntewagen und stakte die Ährenbündel nach oben auf den Boden, Maria nahm die Garben mit einer Forke entgegen und schob diese zu ihrer Mutti, die das Packen an Ort und Stelle übernahm. Im Winter würde das Getreide den Weg, genau entgegengesetzt, Richtung Dreschmaschine wandern.
Nun aber galt es, die Ernte trocken unter „Dach und Fach" zu bringen, der Lohn für die Arbeit eines ganzen Jahres.
So ging es in den nächsten Wochen weiter mit der Mahd von Roggen und Hafer, Stiegen aufstellen, dem Einfahren und Einlagern. Längst hatte die Schule wieder begonnen, aber an den Nachmittagen war Marias Mithilfe bei der Ernte eingeplant und notwendig.

Maria darf auf dem Mähbinder sitzen.

Weihnachtszeit 1959

Grete schaffte es immer, ihrer Familie eine schöne Vorweihnachtszeit zu gestalten.
Sie backte mit den Kindern Plätzchen, die sie ausstechen oder formen durften. Mit roten Köpfen und mehligen Händen waren Detlef und Maria eifrig bei der Sache, um Pfefferkuchen, Schmalzkringel und Spritzgebäck auf das Blech zu legen. Natürlich durften sie auch fleißig probieren, vom Teig und von den ersten warmen Plätzchen vom Blech. Das führte nicht selten zu Bauchweh bei den Kindern, wenn sie es mit dem rohen Teig etwas übertrieben hatten. Vom Duft der Weihnachtsbäckerei angezogen, ließ sich der Vati auch öfter in der Küche sehen und genehmigte sich das eine oder andere Backergebnis. Manchmal protestierten die Geschwister lauthals, wenn Hermann es mit dem Naschen übertrieb. „Die sind doch für Weihnachten, Vati!" Bis Weihnachten reichte der Vorrat in keinem Jahr! Andreas lernte Laufen, er hielt sich an der Kücheneckbank fest und versuchte auf den Tisch zu spähen, was dem einjährigen Dreikäsehoch noch nicht gelang. Was ihm gelang, war ein markerschütterndes Schreien und ein Trampeln mit den Beinchen, somit bekam er auch seinen Probieranteil von den warmen Plätzchen, und Grete hatte in den nächsten Tagen einige Windeln mehr zu waschen. Sie nahm es gelassen, Hauptsache die Kinder hatten Spaß gehabt. Wenn die Dämmerstunde einsetzte und Hermann zum Füttern in den Stall ging, steckte Grete die Kerzen am Adventskranz an. Der schlichte Kranz aus Tannengrün stand, von roten Schleifen an einem roten

Holzständer gehalten, auf dem Wohnzimmertisch. Die Kinder setzten sich um die flackernden Lichter herum und hörten still zu, wenn die Mutti Geschichten aus ihrer Kindheit und vom Weihnachtsfest in ihrer Heimat erzählte. Dann wurden Advents- und Weihnachtslieder gesungen. Grete kannte sie alle auswendig, sie war melodie- und textsicher, und sie sang mit großer Inbrunst. Maria liebte es sehr, gemeinsam mit ihrer Mutter zu singen, es gab ihr ein Gefühl von Harmonie und Zusammengehörigkeit. Die Freude am Singen ist ihr niemals verloren gegangen. Wenn Hermann auf dem Boden über dem Wohnzimmer das Heu zur Futterluke schob, war es für Grete an der Zeit, zum Melken in den Stall zu gehen. Die Kinder schalteten sich dann das Radio in dem neuen Musikschrank an, den der Vater nach der Ernte gekauft hatte. Mit Spannung wurde eine Folge des Sandmännchens erwartet, das jeden Abend über den Äther zum Schlafengehen aufforderte. Die Telefunken-Musiktruhe war aus dunklem Holz gefertigt, welches hochglänzend poliert war. Man sah jeden Fingerabdruck sofort. Auf der einen Seite war ein Röhrenradio eingebaut, darunter befand sich ein Schallplattenständer. Rechts, hinter einer Schiebetür, war der Dual-Plattenspieler, den die Kinder aber bei Androhung von Strafe nicht alleine bedienen durften. Hermann liebte Marschmusik und Heimatschnulzen. Neben dem Radetzkymarsch logierte das alte Försterhaus, wo die Tannen standen und das Tag ein, Tag aus, viel Freud und Leid sah. Maria hätte so gerne Rock' n Roll Musik gehabt, aber der Vati konnte das "Gehotte" nicht ausstehen. Stattdessen musste sie sich die Platte vom Rehlein, das der

Wilddieb heimtückisch erlegte, anhören. Zum Glück gab es auch eine wunderschöne Weihnachtslangspielplatte, die oft und gerne gehört wurde. Fasziniert beobachteten die Kinder die Technik des Plattenwechslers, der zehn kleine Vinylschallplatten auf einmal aufnehmen und nacheinander abspielen konnte.
Mitte Dezember stand ein schönes Ereignis auf dem Programm: Die jüngeren Kinder der Volksschule fuhren nach Flensburg zum Weihnachtsmärchen. Mit von der Partie waren auch die Mütter und Geschwisterkinder, die allesamt zur Schule pilgerten, um dort den Bus zu besteigen, der sie ins Landestheater der Grenzstadt bringen sollte. Maria trug ihr Sonntagskleid und war riesig gespannt auf die Aufführung von „Peterchens Mondfahrt." Die Fahrt ging über Kappeln, dann wurde die B 199 befahren, die sogenannte Nordstraße, erst vor einigen Jahren auf der ehemaligen Kreisbahnstrecke fertig gestellt und nun der schnellste Weg nach Flensburg. Das Landestheater ist ein Backsteinbau mit 850 Sitzplätzen. Maria war sichtlich beeindruckt von der Größe und Ausstattung des imposanten Gebäudes. Dann verfolgte sie aufgeregt und mitfühlend das Geschehen auf der Bühne: Wie der Sumsemann sein sechstes Beinchen verlor und er Hilfe von Anneliese und Peterchen bekam, die noch nie ein Tier gequält hatten.Weiter ging die Handlung mit einer Schlittenfahrt über die Milchstraße, den Besuch der Weihnachtswiese und des Osternestes. Allerlei Elfen, Feen und Sternchen bevölkerten die Spielfläche und begleiteten Peter und Anneliese zum Schloss der Nachtfee. Als die Akteure mit der Mondkanone zum Mondberg geschossen wurden, erschreckte sich Detlef so

sehr, dass er zu weinen begann. Grete nahm ihn in den Arm und bald traute er sich wieder, auch den Kampf mit dem Mondmann zu verfolgen. Das Geschehen nahm ein gutes Ende: Der Sumsemann eroberte sein sechstes Beinchen zurück und die Geschwister erreichten wohlbehalten ihr Elternhaus. Maria hatte mit glänzenden Augen und geröteten Wangen die Aufführung verfolgt, und am Ende klatschte sie laut und ausdauernd vor Begeisterung. Auf der Rückreise waren alle Insassen im Bus weihnachtlich gestimmt, Flensburg lag in wunderschöner Festbeleuchtung und die Lichter spiegelten sich in der Förde. Herr Hansen stimmte die ersten Weihnachtslieder an; bald sangen alle im Chor, die ganze Strecke entlang, bis sie wieder im heimatlichen Dorf ankamen. Als Maria im Bett lag, konnte sie lange nicht einschlafen, zu sehr bewegte sie noch das Erlebnis der Theateraufführung.

Am Sonnabend vor den Weihnachtsferien wurde in der Gaststätte „Boddelhoch" eine Weihnachtsfeier abgehalten. Wieder waren Alt und Jung auf den Beinen. Hierbei waren nun die Schulkinder die Akteure, sagten Gedichte auf, spielten Blockflöte und sangen Weihnachtslieder. Auch ein kleines Krippenspiel wurde aufgeführt, in dem Maria einen Engel spielte. Der Höhepunkt aber war der Auftritt des Weihnachtsmannes, der jedes Kind persönlich kannte und zu sich nach vorne holte. Dann wurde es befragt, ob es artig gewesen wäre, in der Schule fleißig, eine Hilfe für die Eltern oder ähnliches. Er hatte auch ein goldenes Buch bei sich, in das er immer mal wieder schaute, um ein paar Informationen über die Kinder einzuholen, die dann gelobt oder ermahnt wurden. Das geschah immer in einem gütigen Ton, und zum Schluss erhielten die Kinder eine Tüte mit allerlei Naschwerk und Obst. Einige Jahre später wurde Klein-Andreas auf diese Weise befragt, warum er immer seinen Bruder Detlef haue, und vom Weihnachtsmann ermahnt, dieses doch fortan zu unterlassen. Die Wirkung hielt ziemlich lange an. Maria erkannte den christlichen Mann an seiner Stimme. Es war ihr Nachbar Max Schmidt, der dieses Amt noch bis kurz vor seinem Tod innehatte.

Nun waren die Weihnachtsferien da und das Fest stand unmittelbar bevor. Maria verkürzte sich die Wartezeit mit Basteln von Ketten aus Stanniolpapier, dann holte sie sich Stroh aus der Scheune und versuchte Strohsterne herzustellen, was gar nicht so einfach war. Aber Grete lobte die windschiefen Ergebnisse, froh darüber, dass die Tochter sich beschäftigte.

Am Heiligen Abend ging Hermann schon früh in den Stall. Er musste das Vieh alleine versorgen, denn Grete war vollauf mit dem Weihnachtsessen beschäftigt. Es sollte Schweinebraten mit Rotkohl geben, vorweg eine frische Suppe mit Grießklößchen und zum Nachtisch Pfirsiche aus der Dose. Um 16 Uhr brachte Grete die Kinder hinüber zu den Nachbarn, nur Andreas blieb zuhause und hielt ein verlängertes Mittagsschläfchen. Da saßen sie nun, Maria und Detlef, im Wohnzimmer von Tante Bertha und ihrer Mutter und warteten darauf, dass der Weihnachtsmann ihrem Zuhause einen Besuch abstattete. Sie saßen alle im Dunkeln, nur die vier Kerzen am Adventskranz flackerten, und schauten zum Fenster hinaus, gespannt, ob sich drüben etwas regte. Aber noch blieb alles dunkel. Tante Bertha erzählte Geschichten aus ihrer Kindheit und Tante Jansen nickte hin und wieder und sagte: „Dat is ock so." Die Nachbarin berichtete von Weihnachtsfesten ohne Geschenke und Süßigkeiten, es gab höchstens gestrickte Socken und Äpfel, aber immer war ein saftiger Braten auf dem Tisch. Diesen Braten, so erzählte Bertha Jansen, hatte sie einmal aus Versehen auf den Küchenboden fallen lassen. Daraufhin hatte der Vater sie mächtig verdroschen, worauf die Weihnachtsfreude natürlich im Eimer war. Daran wollte sich die 85-jährige alte Dame nun gar nicht erinnern und sagte immer nur: „Nee, nee, nee", wobei sie ganz heftig den Kopf schüttelte. Maria hatte Mitleid mit den beiden alten Leuten, behielt aber trotzdem das Haus auf der anderen Straßenseite im Auge. Da, plötzlich ging das Licht an der Haustüre an und die Mutti trat nach draußen. Auch im Wohnzimmer konnte Maria ein zartes Licht ausmachen. Aufgeregt sprang sie von ihrem Stuhl auf und nahm ihren Bruder an die Hand: „Mutti kommt uns holen, der Weihnachtsmann war da!" Grete wünschte den Nachbarsleuten ein frohes Weihnachtsfest und bedankte sich fürs Aufpassen. Dann nahm sie ihre Kinder an die Hand, führte sie über die Straße und betrat mit ihnen das Haus. Aus der Wohnstube war das Glockengeläute von der Weihnachtsplatte zu vernehmen, der Vater machte die Tür auf, und nun sahen die Geschwister den Weihnachtsbaum. Er war wunderschön, mit brennenden Kerzen und den gläsernen Christbaumkugeln geschmückt. Das Lametta hing geordnet an den Zweigen der Fichte, zwar noch vom Vorjahr, aber gerade und glatt. Unter dem Baum lagen die Geschenke, sie waren nicht verpackt, Maria erkannte sofort den Karton mit den Legosteinen, die sie sich gewünscht hatte. Doch zuerst wurde gesungen: Oh, du fröhliche, oh, du selige, Gnaden bringende Weihnachtszeit.

Dann war endlich Bescherung! Detlef bekam einen Bauernhof, die Gebäude aus Holz gefertigt, darin wohnten Schweine und Kühe, allerlei Geflügel und ein Pferd mit Wagen. Andreas entdeckte einen hölzernen Dackel auf vier Rädern und zog ihn sofort hinter sich her. Maria war selig über ihren Legokasten, er war ihr viel lieber als jede Puppe. Dann gab es noch Musikinstrumente für die Kinder, eine Blockflöte für das Mädchen, für Detlef ein Xylophon mit bunten Plättchen und eine Tröte für Andreas, die er sofort ausprobierte und die Eltern nach kurzer Zeit ihre Geschenkauswahl bedauern ließ. Maria hatte für die Mutti im Handarbeitsunterricht ein Deckchen mit Kreuzstichen bestickt. Grete freute sich sehr über das Geschenk und legte es gleich auf den Musikschrank. Nun ging es zu Tisch. Grete servierte das Weihnachtsessen und Maria ging ihr zur Hand, dabei dachte sie an den Braten, der auf den Boden gefallen war. „Arme Tante Bertha!" Nach dem Essen spielten die Kinder mit ihren neuen Spielsachen, griffen hin und wieder in ihren bunten Teller und waren glücklich.

Grete und Maria singen ein Weihnachtslied, Detlef hört andächtig zu.

Der Vater schaltete das Radio an. Es erklang Orgelmusik, und dann wurde das Lukasevangelium vorgelesen. Hermann war froh und dankbar, dass seine Familie satt und gewärmt am Weihnachtsbaum saß. Es hatte andere Zeiten gegeben!

Der Jahreswechsel 1959/1960

Dem Jahreswechsel wurde nicht so viel Beachtung geschenkt. Die Jahre kamen und gingen, immer waren sie mit Arbeit und Anstrengung verbunden, daran würde sich auch im nächsten Jahr nichts ändern. Dabei ging es doch nun hinüber in ein neues Jahrzehnt, ein Jahrzehnt voller Veränderungen und Katastrophen, in Jahre des Aufbruchs, der Proteste und Demonstrationen. Aber in der Familie Flüh konnte das am Silvesterabend natürlich noch niemand ahnen. Hermann berichtete seinen Kindern vom "Rummelpottlaufen", einem Brauch am Altjahrsabend, den er und seine Kameraden noch gepflegt hatten. Dafür hatten sie eine Schweinsblase über einen Topf gespannt und mit Hilfe eines Stockes, der im Topf steckte, ein brummendes Geräusch erzeugt. Damit waren sie verkleidet von Haus zu Haus gezogen, hatten Lieder gesungen und Sprüche aufgesagt und dafür Obst und Süßigkeiten erhalten.

Hermann und Grete wollten am letzten Abend des Jahres ein wenig Geselligkeit und hatten Freunde eingeladen. Wie jeden Abend musste Maria um acht Uhr ins Bett, sie sträubte sich auch nicht dagegen. Warum sollte sie bis um Mitternacht aufbleiben, denn da wäre nur entfernt das Glockengeläute der Kirchen zu hören. Es war noch nicht üblich geworden, Raketen und Feuerwerkskörper anzuzünden, niemand im Dorf machte das, und auch Hermann verschwendete dafür keine Mark. Man dachte dabei auch an die Tiere auf den Höfen, die von solcher Knallerei nur unnötig beunruhigt werden würden. Außerdem standen ja hier die vielen reetgedeckten Häuser, für die alle Feuerwerkskörper eine Brandgefahr bedeuteten. Darum gibt es auf Sylt auch bis heute ein striktes Verbot für Feuerwerke aller Art.

Hermann hatte eine Pfirsichbowle angesetzt. Immer wieder probierte er das Wein-Obst-Gemisch, gab noch etwas Zucker oder einen Spritzer Cognac hinzu, probierte nochmals, bis ihm der Geschmack zusagte. So kam es, dass Hermann am Abend blendend gelaunt seine Gäste, ein Ehepaar aus der Nachbarschaft, begrüßte. Grete hatte die Wohnstube mit Luftschlangen geschmückt und einen kleinen Imbiss vorbereitet. Es gab belegte Brötchen und einen Käseigel, der neueste Schrei in der Gästebewirtung. Auf dem Tisch stand neben den beliebten Salzstangen ein Zigarettenspender in Form eines Sputniks, aus dem man sich eifrig bediente. Seitdem 1957 der erste künstliche Erdsatellit in die Umlaufbahn geschickt worden war, verglich man Gebrauchsgegenstände, die rund waren und aus denen Teile herausragten, mit einem Sputnik. Dank Hermanns Bowle war die Stimmung bald ausgelassen und die Gespräche wurden lauter. Maria schreckte aus dem Schlaf, weil die Erwachsenen die Melodie einer Schallplatte lauthals mitsangen: „La, la, la, hachachachacha, ich bin ein Vagabund." Das Mädchen kannte die Platte von Fred Bertelmann in- und auswendig. Zu oft hatte sie sich den „lachenden Vagabunden" anhören müssen. Nun war es mit dem Schlaf vorbei, Maria lauschte auf die Musik im Nebenraum, versuchte Wortfetzen einzuordnen und wunderte sich über das Gelächter und die Albernheiten. Warum waren Erwachsene so? Irgendwann wurde es still im Wohnzimmer, das Kind grübelte noch ein wenig über die neue Jahreszahl nach. Es ließ sich gut damit rechnen: In 40 Jahren würde sie 48 Jahre alt sein, uralt, vielleicht schon Großmutter oder ...? Über diesen Gedanken schlief sie ein.

Maria und Detlef vor dem neuen Plattenschrank.

Ein strenger Winter

Anfang Januar 1960 nahm Hermann wie in jedem Jahr an der großen Treibjagd teil, die alle Jäger im Dorf veranstalteten. Dazu brauchten sie die jüngeren Männer, die als Treiber mit Krach und Getöse das verschreckte Wild aus allen Schlupfwinkeln aufscheuchten, um es dann zur Strecke zu bringen. Vom Hofplatz aus konnte Maria das Spektakel beobachten; sie sah die Grünröcke an den Waldrändern stehen, hörte die lärmenden Treiber, ab und zu knallte eine Büchse, die Hunde bellten aufgeregt und rufende Männerstimmen klangen herüber. Maria hatte Mitleid mit den Tieren, aber die Reduzierung des Wildbestandes war notwendig, damit nicht zuviel Äsungsschaden in Wald und Feld angerichtet wurde. Bei den Jagden verschonten die Jäger den weißen Damhirsch, ein kapitaler Albinohirsch, der schon ein beträchtliches Alter erreicht hatte und hin und wieder im Abendrot am Waldrand auftauchte. Maria hatte ihn auch schon zu Gesicht bekommen und ehrfürchtig das seltene Tier bestaunt.

Am Abend nach der Treibjagd kam Hermann mit einem ordentlichen „Hoorbüddel" und einem fetten Hasen als Lohn zurück. Diesen leckeren Braten gab es am 8. Januar zum Geburtstag der Mutti, nachdem Hermann ihm das Fell über die Ohren gezogen und ihn ausgenommen hatte. Beim ersten Bissen knirschte es zwischen Marias Zähnen und sie spuckte eine Schrotkugel aus, eine von vielen, die sich noch in ihrem Bratenstück befanden. Sie fragte sich, warum man so ein kleines, hilfloses Tier mit so vielen Kugeln töten musste und langte lieber bei Kartoffeln und Rotkohl zu, Hasenbraten würde in diesem Leben nicht zu ihrer Lieblingsspeise werden.

Ende Januar wurde die Dreschmaschine in die Mitte der Scheunendeele gezogen. Hermann wollte das gelagerte Getreide ausdreschen, damit er wieder Schrot für sein Vieh bekam und einige Säcke Roggen und Weizen verkaufen konnte. Die hölzerne Dechenreiter-Maschine wurde von der Zapfwelle des Treckermotors angetrieben - fünfzig Jahre früher hatte diese Aufgabe noch eine Dampfmaschine übernommen.

Die Antriebsverbindung stellte ein langer, etwa 15 cm breiter Lederriemen her, der durch Metallkrampen zusammengefügt war. Wieder wurden alle Familienmitglieder eingespannt, sogar der Großvater, der sich oben auf die Dreschmaschine stellte und die Getreidegarben, die Hermann vom Hausboden auf die Maschine warf, aufschnitt und in den Einwurf des Dreschkastens fallen ließ. Oben auf dem Boden zog Grete die Getreidebündel von dem großen Haufen herunter und warf sie vor die Füße ihrer Tochter. Maria schob sie dann mit einer Forke weiter zu ihrem Vater, der aber auch häufig nach unten zur Dreschmaschine klettern musste, um die vollen Getreidesäcke abzunehmen und zuzubinden. Anschließend wurden wieder leere Jutesäcke an die Auswurfstutzen gebunden. Das ausgedroschene Stroh wurde sofort von einer Strohpresse aufgenommen und in handliche Ballen gepresst. Auch diese mussten wieder verstaut werden. Es war ein ständiges Hetzen, Schleppen, Anstrengen. Die Arbeitsschritte wurden von Staubwolken und Motorenlärm begleitet, welches die Maschine ausstieß, dazwischen lautes Rufen und Schimpfen der Männer, wenn es irgendwo Störungen gab, was oft vorkam. Dazu stieß der Traktor eine volle Ladung Dieselqualm aus.

Noch spät in der Nacht, als längst wieder Ruhe in der Scheune herrschte, klang Maria das laute Dröhnen und Stampfen der Dreschmaschine, begleitet vom Tuckern des Treckers, in den Ohren.

Anfang Februar setzte starker Schneefall ein, der von einem scharfen Ostwind begleitet wurde, nichts Ungewöhnliches in Angeln. Mit großer Mühe konnte man die Bundesstraße mit dem Schneepflug freihalten, aber die Nebenstrecken waren schon nach kurzer Zeit nicht mehr befahrbar. Die Schneemassen wurden von den Feldern auf die Straßen getrieben und türmten sich dort zu meterhohen Wehen auf. Hier und da guckten Schilder und Zaunpfähle aus der weißen Landschaft heraus und man konnte den ungefähren Straßenverlauf erahnen. Nachdem Hermann seinen Hofplatz frei geschippt hatte, holte er den Trecker aus dem Schuppen und brachte seine Tochter über die Bundesstraße bis zur Abzweigung der Dorfstraße. Ab hier ging es nur noch zu Fuß weiter. Maria stapfte den Rest des Schulwegs über die Schneewehen, dabei sank sie hin und wieder bis zur Hüfte in den weichen Schnee ein. Zum Glück gesellten sich bald Schulkameraden dazu und man half sich gegenseitig durch die Winterwelt. Als die Kinder in der Schule ankamen, hatten sie nasse Hosen und Socken, schmerzhaft brannten ihre Gesichter und Hände vom eisigen Wind. Ohne Gejammer schütteten sie den Schnee aus den Stiefeln und wärmten sich am Kohlenofen. Niemand war auf die Idee gekommen, den Unterricht wegen der Schneeverhältnisse abzusagen.

Unfälle und Krankheiten

Nach diesem strengen Winter hielt der Frühling erstaunlich schnell Einzug, und schon Ende April war das Gras hoch genug, um die Kühe auf die Weide zu treiben. Wie immer bei diesem Ereignis spielten die Tiere verrückt. Sie rannten und sprangen, sie rangelten und stießen sich mit den Hörnern. Dabei verlor Kuh Karola ein Horn und sah von da an etwas merkwürdig aus: Die einhornige Milchkuh. Maria fand auf der Wiese das abgebrochene Horn und verwahrte es wie einen Schatz.

Der Fischonkel befuhr mit seinem Lieferwagen wieder die Dörfer und bot jeden Freitag seine fangfrische Ware an. Grete kaufte einige Heringe und einen Butt, um ein günstiges Mittagessen auf den Tisch zu bringen. Maria ekelte sich davor, beim Abschuppen und Ausnehmen der Heringe zuzuschauen, essen mochte sie die schon gar nicht. Das Braten verursachte einen üblen Geruch in der Küche und die vielen kleinen Gräten der Fische, die man kaum heraussuchen konnte, verdarben ihr völlig den Appetit. Die Mutti liebte das Heringsessen, auch noch in späteren Jahren, als der Hering vom Armeleuteessen zur Delikatesse avancierte.

Gretes ganzer Stolz war ihre Hühnerschar, brachte sie ihr doch zusätzlich etwas Eiergeld ins Haus, das sie für Anschaffungen zurücklegte. Sie hängte einfach ein Schild mit der Aufschrift „Frische Eier" an die Straße und der Absatz war gesichert.

Einmal hatten freche Gören ihr einen Streich gespielt und das „r" und „e" aus Frische ausgewischt. Somit bot

Grete nun Fischeier an, was für allgemeine Heiterkeit sorgte.

Zur Hühnerschar gehörte auch ein stolzer Hahn, der seine Hennen, wie es sich für einen Hahn gehört, beschützte. Andreas konnte schon gut laufen und erprobte dies auch immer wieder, indem er die Hennen seiner Mutter fangen wollte. Dieses Treiben rief den Beschützerinstinkt des gefiederten Herrn auf den Plan. Aufgeplustert griff er den kleinen Jungen an, attackierte ihn mit Schnabelhieben und brachte ihn zu Fall. Andreas schrie wie am Spieß, was den Hahn erst recht in Rage brachte, denn nun hackte er mit wildem Geflatter auf das blonde Köpfchen des Kleinkindes ein. Wäre nicht Grete, vom Geschrei ihres Kindes alarmiert, angerannt gekommen, es hätte ein schlimmes Unglück gegeben. Sie schlug den Hahn in die Flucht und trug ihr blutendes, weinendes Kind ins Haus, bevor größeres Unheil geschehen konnte. Andreas hatte zahlreiche Wunden, die zum Glück nicht tief waren, auf seinem Köpfchen. Ein Arzt wurde nicht hinzugezogen. Hermann verband den Kopf seines Jüngsten, dann holte er das Beil aus dem Schuppen, um den Hahn einen Kopf kürzer zu machen. Am nächsten Tag gab es Hühnersuppe mit Klümp und nie wieder kleine Küken in Gretes Hühnerhof.

Detlef saß gerne in der Fensterbank am Küchenfenster und beobachtete still das Treiben vor dem Haus und vor der Stalltür. Man konnte von dort auch auf die angrenzenden Wiesen und Felder schauen, ebenso auf den Wald. Es war ein schöner Platz und es gab immer etwas zu bestaunen. Im Sommer stand das Fenster offen, und als Detlef eine Blindschleiche erblickte, die sich auf dem Mistpfahl gesonnt hatte und sich nun langsam aus seinem Blickfeld davon schlängelte, lehnte er sich weiter aus dem Fenster hinaus. Zu weit, denn er bekam Übergewicht und stürzte kopfüber auf den Steinplattenweg vor dem Fenster. Leise vor sich hin weinend wurde er von Grete entdeckt und ins Haus getragen. Sie tröstete ihren Sohn und kühlte die große Beule auf der Stirn mit einer Messerklinge und schloss dann das Fenster. Die Schutzengel hatten ganze Arbeit geleistet.

Gleich zu Beginn der Sommerferien des Jahres 1960 wurde Maria krank. Sie hatte leichtes Fieber und Schnupfen, später kam Husten dazu, der allmählich immer stärker wurde. Das Kind hatte sich mit Keuchhusten infiziert und litt während der gesamten Ferien unter heftigsten Hustenattacken, die sich bis zum Erbrechen steigerten. Die Nachtruhe war gestört und die Ferienfreuden, wie Baden und sich mit den Freundinnen treffen, konnten nicht stattfinden. An Ernteeinsätze war gar nicht zu denken. Maria machte das Beste aus dieser Lage: Sie legte sich eine Wolldecke auf die Wiese und las ein Buch, malte Bilder oder spielte mit ihren Puppen, was sie sonst eher selten tat. Zum Schulbeginn Anfang August war die Krankheit überstanden.

Aber im Herbst sorgte Maria noch für eine große Narbe auf ihrem rechten Knie. Sie hatte auf den Feuchtwiesen beim Champignonsuchen unachtsam einen Zaun überklettert und sich dabei mit dem **Stacheldraht das Knie aufgerissen.** Es blutete furchtbar aus der klaffenden Wunde und Maria kam heulend zuhause an. Hermann war für solche Verletzungen zuständig, er legte einen Verband an und schimpfte seine Tochter aus: „Warum warst du so unvorsichtig, pass nächstens besser auf!" An eine Fahrt zum Arzt oder ins Krankenhaus wurde nicht im Entferntesten gedacht, sie hätte den Arbeitsablauf gestört und außerdem hatte Hermann ja auch kein Auto. Das verletzte Knie verheilte auch ohne ärztliche Versorgung und die breite Narbe war ein vergleichsweise kleiner Schönheitsfehler.

Hermann ging es schon in der Ernte nicht so gut. Er hatte einen entzündeten Daumen, der sehr schmerzte, wenn man ihn berührte. Außerdem fühlte er sich schlapp und lustlos. Bei der kleinsten Kleinigkeit ging er an die Decke und blaffte die Kinder an.

Erst als der linke Daumen die doppelte Größe erreicht hatte und sich blau-rot verfärbte, konnte Hermann die Schmerzen nicht mehr aushalten und ließ sich zum Hausarzt fahren, der sofort ins Krankenhaus einwies. Hermann stand kurz vor einer Sepsis und wurde sofort operiert. Die Diagnose: Panaritium durch eingedrungene Tierhaare. Der junge Landwirt musste noch einige Tage in der Klinik bleiben und Grete hatte zuhause die ganze Arbeit alleine zu bewältigen.

Ausflüge

Hermann hatte schon vor einigen Jahren seinen PKW-Führerschein gemacht und sich hin und wieder einen Wagen geliehen, um Fahrpraxis zu bekommen. Es waren nur wenige Fahrstunden nötig gewesen, denn der Autoverkehr hielt sich noch in Grenzen. Das Einparken wurde gar nicht geprüft.

In den Osterferien des Jahres 1961 war es endlich soweit: Hermann konnte sich seinen ersten eigenen Wagen leisten. Er erwarb einen gebrauchten Opel Olympia Rekord, Baujahr 1956. Der babyblaue Wagen wurde durch einen 45 PS starken 4 Zylinder-Motor bewegt, der Schalthebel für die 4 Gänge befand sich am Lenkrad.

Maria stand auf dem Hofplatz als der Vater mit dem Auto einbog. Es war der erste warme Tag im April und die polierten Chromteile blitzten in der Sonne. Das Mädchen durfte endlich wieder Kniestrümpfe tragen, es war so froh, die kratzigen Wollstrümpfe auszulassen, die mittels Knöpfen am lästigen Strumpfhalter befestigt wurden.

Voller Stolz präsentierte der Landwirt seiner Familie den Opel. Die Kinder kletterten sofort auf die Sitze und nahmen alles gebührend in Augenschein. Sie öffneten immer wieder Fenster und Türen und waren sich bewusst, dass nun eine neue Zeit begonnen hatte. Maria lief in den Garten und pflückte ein Sträußchen von der gelben Gemswurz und dekorierte damit die kleine Vase, die sich in der Mitte des Armaturenbretts befand. Auch Grete freute sich und war froh darüber, dass ihre Kinder von nun an nicht mehr in der zugigen

Treckerkiste kauern mussten. Ganz heimlich aber hatte sie die Hoffnung, auch einmal den Führerschein erwerben zu können.

Ab jetzt genoss es Hermann sehr, mit seiner Familie Ausflüge und Fahrten zu unternehmen. Beliebt waren die Touren am Maifeiertag ins Grüne. Dafür wurde der Opel gewaschen und mit frischem Maigrün geschmückt. Grete hatte Kartoffelsalat zubereitet und mit weiterem Proviant im Kofferraum verstaut. Hinzu kamen Kissen und Decken. Die 3 Kinder nahmen aufgeregt im Fond des Wagens Platz, unangeschnallt, denn es gab keine Gurte. In Kurven kullerten sie übereinander und beim Bremsen ruckelten sie gegen die Vordersitze, aber es ist nie etwas Ernstes passiert.

Hermanns Ziel am 1. Mai war der Naturpark Hüttener Berge, eine hügelige Landschaft mit vielen kleinen Seen und immerhin 100 Meter hohen Erhebungen. Ein Bayer würde nur mitleidig grinsen, aber die Schleswig-Holsteiner waren stolz auf "ihre Berge", denn bei klarem Wetter konnten sie vom 98 m hohen Aschberg bis zur Schlei gucken und die Rendsburger Eisenbahnhochbrücke sehen.

Nun suchten die Eltern einen schönen Platz zum Rasten in einem Waldweg aus. Schnell waren Decken und Kissen ausgebreitet und das Picknickessen serviert. Der Kartoffelsalat hatte immer einen leichten Benzinbeigeschmack, wurde aber trotzdem mit Appetit verzehrt. Dann hielt der Vater seine obligatorische Mittagsruhe auf der Decke, Grete las in einem Buch und die Kinder spielten Verstecken im Wald. In den frühen 60er Jahren kutschierte Hermann seine Familie in die grünen Köge der Westküste und wusste eine

Menge über den Deichgrafen Hauke Haien zu berichten, der als Hauptfigur in Theodor Storms berühmter Novelle "Der Schimmelreiter" verewigt ist. Dann wieder ging es zum Marineehrenmal Laboe, es gab Exkursionen in die Holsteinische Schweiz, zur Zonengrenze und natürlich in den Hagenbecker Zoo. Einmal ging die Fahrt ins benachbarte Ausland nach Dänemark, wobei auch die Düppelner Schanzen erkundet wurden, während Hermann seiner Familie ausführlich vom deutsch-dänischen Krieg erzählte.

Die Familie machte einen Ausflug zur Obstbaumblüte ins Alte Land an die Elbe und nach Friedrichsstadt mit seinem holländischen Flair. Auf diese Weise erlebten die Kinder Heimatkunde hautnah. Hermann wusste immer viel Geschichtliches und Aktuelles zu erzählen. Stets klang dabei die Liebe zu seiner Heimat durch.

Stolz fährt Hermann sein erstes Auto auf die Hofeinfahrt.

Nach und nach gewann Hermann immer mehr Fahrpraxis, er fuhr seinen Wagen gut und sicher. Darum traute er sich zu, eine längere Reise nach Ostwestfalen zu unternehmen; dort wohnte Gretes Bruder mit seiner Familie. Maria war ganz gespannt auf die fremden Verwandten und empfand die lange Autofahrt als Abenteuer.

Sie wollten sogar über Nacht in Bielefeld bleiben, denn der Vati hatte die Nachbarn gebeten, das Vieh zu versorgen. Anfangs hielt der Opel auch gut durch, obwohl Hermann kräftig aufs Gas drückte und einfach keine Pausen machen wollte. Doch im Teutoburger Wald wurde es bergig und das mochte der Wagen überhaupt nicht. Er quälte sich noch eine Steigung hoch, nahm aber übel, indem er stotterte und stank, wurde immer langsamer und blieb schließlich mit dampfender Motorhaube stehen.

Hermann stieg aus, schickte dann Grete und die Kinder auf den Grünstreifen neben der Straße und öffnete die Motorhaube. Maria konnte ihren Vater nicht mehr erkennen, denn der war in dichten Nebel gehüllt. Daraus tauchte er aber schnell wieder auf und bemerkte sachkundig: „Das Kühlwasser hat gekocht und ist verdampft, ich zieh mal los und besorge Wasser. Passt auf das Auto auf!" Hermann fand einen Bauernhof, lieh sich einen Kanister mit Wasser, und nach einer Stunde Zwangspause ging es weiter, diesmal aber mit einer etwas rücksichtsvolleren Nutzung des Gaspedals. Grete war so glücklich, ihren jüngeren Bruder zu sehen, die Kinder näherten sich den Cousins und Cousinen zaghaft an, kurz, die Familien verbrachten 2 schöne gemeinsame Tage. Besonders toll fanden die das Matratzenlager auf dem Fußboden, auf dem die Kinder wie die Orgelpfeifen lagen, alberten, quatschten und schließlich schliefen.

Grete würde ihren herzkranken Bruder nie wieder sehen. Er starb einige Jahre später an dem Herzleiden, das er sich in Kriegszeiten zugezogen hatte.

Grenzen und Fortschritt

Als Maria 1961 nach den Sommerferien wieder in die Schule kam, war an einen normalen Unterricht nicht zu denken. Für Schüler und Lehrkräfte gab es nur ein Thema: Der ostdeutsche Staat hatte quasi über Nacht eine Mauer durch die Stadt Berlin gezogen. Damit war eine unüberwindbare Grenze entstanden, die Familien, Nachbarn und Paare trennte. Außerdem entstand an der gesamten deutsch-deutschen Grenze ein hoher Stacheldrahtzaun mit einem verminten Todesstreifen. Auf Flüchtlinge wurde geschossen und am 24. August starb der erste Flüchtling im Kugelhagel der Grenzsoldaten. Die Dorfbewohner waren fassungslos, sie trafen sich am Abend bei den Familien, die schon einen Fernsehapparat besaßen, um die Tagesschau zu sehen. Vor dem Bäckerladen standen die Frauen in Gruppen zusammen, um zu beratschlagen, ob die Vorräte in Kellern und Speisekammern ausreichten, wenn es Krieg geben würde. Die Angst davor war allgegenwärtig, denn der Mauerbau war auch eine Konfrontation zwischen den Großmächten.

Maria schaute sich alle Fotos, die den Mauerbau betrafen in den Illustrierten an, die die Eltern als Lesemappe abonniert hatten: Sie sah den Panzer am Checkpoint Charlie stehen, Wachsoldaten mit Gewehren, sie blickte auf Eltern, die ihr Baby hochheben, um es den Verwandten in Ostberlin zu zeigen, schaute auf Menschen, die auf Leitern stehen, um einen Blick über die Mauer zu erhaschen, und sie sah das verzweifelte Gesicht einer jungen Frau, die hoch oben auf dem Dach eines Mietshauses mit einem Geschirrtuch in der Hand ihren weggesperrten Lieben im Osten zuwinkt.

Maria begann zu ermessen, was das Wort Freiheit bedeutete. Freiheit war immer selbstverständlich gewesen, aber nun erfuhr sie von Menschen, die unfrei waren, die nicht überall hin konnten, wohin sie wollten, die nicht alles sagen durften, was sie meinten. Das Mädchen lernte seine Freiheit zu schätzen.

Im Herbst verbreitete sich die Parole, man solle Kerzen anzünden und in die Fenster stellen, damit die Brüder und Schwestern in der DDR sehen konnten: „Schaut her, wir denken an euch, ihr seid nicht vergessen." Maria dachte im Stillen: „Wie sollen die Menschen drüben wohl unsere Kerzen sehen, soweit scheint das Licht doch gar nicht?"

Hermann fand es wäre nun höchste Zeit, auch einen Fernsehapparat anzuschaffen. Endlich wollte auch er mit seiner Familie täglich die Nachrichten sehen und die vielen interessanten Sendungen, die das einzige deutsche Fernsehprogramm zu bieten hatte.

Von nun an saßen an den Wochenenden die Nachbarn von Hermann und Grete mit im Wohnzimmer, wenn die beliebten Aufführungen des Ohnsorg-Theaters übertragen wurden. Unvergessen ist die Komödie „Opa wird verkauft" mit Henry Vahl in seiner Paraderolle. Oder die Kriminalfälle der Stahlnetzreihe von Jürgen Roland und Wolfgang Menge. „Die Nacht zum Dienstag" war ein solcher Straßenfeger, dass während der Sendung kaum ein Fahrzeug auf der Straße vorbeifuhr.

Im Wohnzimmer standen alle Stühle der Wohnung in Reihen hintereinander, wie im Kino, weil Hinz und

Kunz sich zum Fernsehgucken einfanden. Maria musste sich mit einem hinteren Platz zufriedengeben, denn das Kind hatte höflich gegenüber Erwachsenen zu sein. Maria ärgerte sich darüber nicht, denn ihre Lieblingssendung war das Quiz „Hätten Sie's gewusst?" mit Heinz Maegerlein, und das lief ja im Vorabendprogramm, wenn die Erwachsenen noch keine Zeit hatten. Sonntagnachmittags wurde ein tolles Kinderprogramm gesendet, das der Nachwuchs nie versäumte. Am beliebtesten waren natürlich die Übertragungen aus der Augsburger Puppenkiste.

Wenn Jim Knopf mit Lukas und Lok Emma schwarzweiße Abenteuer in Lummerland, China und Kummerland überstand, dann fieberten alle Kinder mit. Sie waren glücklich, wenn Prinzessin Li Si wieder vom kaiserlichen Vater in die Arme geschlossen wurde, und sie lachten über den tollpatschigen Drachen Nepomuk. Sternstunden der Unterhaltung waren es und unvergessen. In der Tagesschau berichtete der Sprecher fast täglich vom Fortschreiten der Demarkationslinie. Sogar Dörfer wurden mittels Stacheldraht durchtrennt, ehemalige Nachbarhöfe befanden sich plötzlich diesseits und jenseits eines Eisernen Vorhangs. Die Äcker konnten nicht mehr durchgehend bewirtschaftet werden. Die Bauern in den so genannten Zonenrandgebieten waren nun total benachteiligt. Anfang Dezember begannen die Menschen im Westen Pakete für ihre Verwandten in der DDR zu packen. Es wurden Listen mit den am meisten benötigten Dingen herausgegeben: Kaffee, Zucker, Backzutaten, Perlonstrümpfe, Süßigkeiten, Waschpulver und alles, was

man zur Körperpflege benutzte. Dinge, die man auf gar keinen Fall senden durfte, wurden auch erwähnt, zum Beispiel Bücher und Zeitschriften. Pakete mit verdächtigem Inhalt wurden konfisziert. Die Post hatte eine gewaltige Aufgabe zu stemmen, war ihr aber glücklicherweise gewachsen.
Maria schien fast enttäuscht darüber, dass ihre Familie keine Verwandtschaft in der Zone hatte, die beschenkt werden konnte. Schenken macht glücklich, und darum wurde das Schicken von Päckchen in den ostdeutschen Staat jahrelang beibehalten.

Maria besuchte inzwischen das vierte Schuljahr der Volksschule, immer noch mit gutem Erfolg. Darum machte Frau Sander Marias Eltern den Vorschlag, das Kind im nächsten Jahr auf die Mittelschule zu schicken. Heute heißt diese Schulform Realschule. Um dort angenommen zu werden, mussten die Kinder erst durch eine strenge Aufnahmeprüfung getestet werden, ob sie für diese Schulform geeignet wären. Gemeinsam mit anderen Kindern durchlief das Mädchen die Prüfung in Mathematik, schrieb ein ungeübtes Diktat und verfasste einen fantasievollen Aufsatz. Dann hieß es erst einmal warten, denn ein fremdes Prüfungskomitee ließ sich mit der Auswertung Zeit. Kurz vor Weihnachten kam das Ergebnis: Maria wurde vorgeschlagen, statt der Mittelschule im nächsten Jahr die Oberschule in Kappeln zu besuchen. Hermann und Grete waren sofort damit einverstanden, das Kind aufs Gymnasium zu schicken, denn sie waren sich bewusst, dass Bildung die beste Investition in die Zukunft ist. Auch für Mädchen!

Ausgerechnet zu Weihnachten erkrankten Detlef und Maria an Masern. Es ging den Kindern so schlecht, dass sie am Heiligen Abend im Bett bleiben mussten. Das Fieber war sehr hoch und die Kinder hatten zusätzlich noch starke Ohrenschmerzen. Der Vati hatte aus Kappeln eine neue Schallplatte mitgebracht, die er gleich auflegte: „Junge, komm bald wieder, bald wieder nach Haus!", sang Freddy Quinn auf sentimentale Weise vom Abschiednehmen, und bei Maria flossen die Tränen in Strömen. Es war so ein trauriges Weihnachtsfest für sie!
Von der schweren Masernerkrankung erholten sich Detlef und Maria rasch, aber sie litten unter Spätfolgen, die niemand richtig wahrnahm: Fortan war ihr Hörvermögen eingeschränkt! Wie gut, dass heute die Kinder gegen Masern geimpft werden!

Weihnachten mit Vater vor dem Baum

Handel

An jedem Montagmorgen fuhr Martin Weichsel, der in Faulück einen Kolonialwarenladen betrieb, bei Wind und Wetter in die Umgebung des Dorfes, um Lebensmittelbestellungen aufzunehmen. Er saß dann mit seinem dicken Notizbuch in Gretes Küche und hielt ein Schwätzchen, pries dies und das an, ohne aufdringlich zu werden, und notierte, was die junge Frau beim Inspizieren ihrer Vorräte als notwendig erachtete. Am Nachmittag wurden die Waren, sauber in Kartons verpackt, mit einem Dreirad-Transporter an die Kunden ausgeliefert. Der italienische Piaggio-Ape Kastenwagen knatterte wie seine Verwandte, die Vespa, ließ seinen Fahrer aber nie im Stich. Lebensmittel wurden grundsätzlich angeschrieben und am Monatsende bezahlt.

Bei Martin Weichsel im Dorfladen fand sich alles, was die Landbevölkerung benötigte, selbst Schreibwaren für die Schule, Körperpflegemittel und Geschenkartikel. Für die Einladung zum Kindergeburtstag konnte Maria sogar zwischen einigen Sachen auswählen.

Freitags fuhr ein Wagen der Firma Arko durch das Dorf, um den Wochenvorrat an Kaffee zu verkaufen. Der Arko-Onkel war bei Maria und ihren Brüdern sehr beliebt, denn er war freundlich und verschenkte immer einige Bonbons. Grete kaufte außer Kaffee auch meistens Süßigkeiten für ihre Kinder, eine Tüte für jeden, damit kein Streit aufkam. Bei diesem Naschwerk blieb es auch, mehr gab es nicht in einer Woche, außer wenn Besucher etwas mitbrachten. Maria musste in diesem Fall immer genau teilen.

Der Bäckerwagen erschien pünktlich dienstags und freitags, um die Anwohner mit Brot und Backwaren zu versorgen. Bäckermeister Jensen machte sehr leckere Cremeschnitten und Hefeteilchen mit Pflaumenmus. Immer wurde auch der neueste Dorfklatsch mitgeliefert, frei Haus und ohne Gewähr.

Die Fischer aus Kappeln übten Direktvermarktung an der Haustür aus und brachten ihren frischen Fang an die Hausfrau. Maria beobachtete mitleidig den Butt, der mit der Schwanzflosse um sein Leben schlug und der doch in der Pfanne endete.

Im Frühling und im Herbst hielt ein Lastwagen, der über und über mit Haushaltswaren bestückt war, auf dem Hofplatz. Ein großes Sortiment an Töpfen, Wannen und Körben hing sichtbar außen am Gefährt, die Auswahl an Plastikartikeln, die man damals noch Bakelitwaren nannte, war gewaltig. Grete verwendete ihr Eiergeld für Siebe, Fliegenklatschen und Schüsseln, sie versorgte sich am Topfwagen mit all den Gegenständen, die ein Haushalt benötigte - und die Sachen waren langlebig.

Über Land zogen außerdem auch Vertreter für Wela-Brühe, für Staubsauger und Futtermittel. Regelmäßig erschienen Scherenschleifer und Bürstenverkäufer an der Tür. Es gab sogar einen fahrenden Wäschelieferanten, bei dem man sowohl hochwertige Tisch- und Bettwäsche als auch Unterwäsche und Arbeitskleidung bestellen konnte. Die Bäuerinnen erwarben auf diese Weise nach und nach die Aussteuerwäsche für ihre Töchter. Sie waren ganz stolz, wenn sie wieder einmal ein glänzendes Damasttischtuch an die Seite legen konnten. Die Töchter sollten gut ausgestattet in die

Ehe gehen. Maria hat ein halbes Jahrhundert später immer noch original eingepackte, nie benutzte, weiße Damastbettwäsche im Schrank.

Der Handel blühte wieder und die reisenden Verkaufsläden und Händler hatten alle ihr Auskommen. Es gab einen riesigen Bedarf an allen Gegenständen des täglichen Lebens und man konnte sie bezahlen. Die Haustürgeschäfte hatten den Vorteil, dass die Dorfbewohner ihre Arbeit kaum unterbrechen mussten.

Es waren keine stressigen Shopping-Touren nötig, wie sie heutzutage Mode sind. Niemand kam auf die Idee, ohne Grund in die Stadt zu fahren, um durch die Geschäfte zu bummeln.

Grete ließ die Kleider für ihre Tochter bei einer Schneiderin in Faulück nähen. Sie kaufte zwei Kleiderstoffe in dem gerade so beliebten Schottenmuster. Maria durfte sich in den Schnittmusterheften den Schnitt aussuchen, der ihr gefiel und der zu den rot- und blaugrundigen Wollstoffen passte.

Dann sollte sie einen Stuhl besteigen und wurde mit dem Maßband vermessen.

„Arme hoch, Arme runter", lauteten die Kommandos. „Grade stehen, Kopf hoch!"

Darauf folgten in den nächsten Wochen immer wieder Anproben, bei denen dem Mädchen das unfertige Kleid übergestülpt und mit Stecknadeln das zukünftige Design herausgearbeitet wurde. Dabei verirrte sich hin und wieder eine der Nadeln unabsichtlich in Marias zarter Haut. „Autsch!". „Steh still!", mahnte die Mutti. Geduld war wahrhaftig nicht Marias große Stärke und Stillstehen schon gar nicht, und darum konnte sie die

Besuche bei der Schneiderin irgendwie nicht ausstehen.
Es wurden aber hübsche Kleider, und Grete kaufte auch gleich die lang ersehnten Strumpfhosen dazu. „Hoffentlich passen die Kleider noch, wenn im nächsten Frühjahr der Schulwechsel ansteht!", dachte Grete bei sich. Die Jungen brauchten auch dringend neue Hosen.
Wenn das Weihnachtsfest vor der Tür stand, suchten Hermann und Grete die Geschenke für ihre Kinder im Quelle-Katalog aus. Maria und ihre Brüder hatten sich die bunten Seiten des dicken Druckwerks immer wieder ausgiebig angeschaut und dabei angekreuzt, was ihnen gefiel. Dann stand in der Vorweihnachtszeit auf einmal ein großer Quelle-Karton auf dem Kleiderschrank, der zwar beäugt, aber nicht angetastet wurde. Das Bestellen beim Versandhandel nannten die Erwachsenen "verschreiben" und war ein beliebter Einkaufsbummel im Wohnzimmer.

Sturmzeit

Das Jahr 1962 begann so stürmisch wie das alte Jahr geendet hatte. Ein Sturmtief jagte das nächste, begleitet von Regengüssen und Hagelschauern. Ein scheußlicher Winter!
Auch der 16. Februar begann mit stürmischen Westwinden, die bald Orkanstärke erreichten. Maria wurde auf dem Heimweg von der Schule mehr vom Wind geschoben, als dass sie in die Pedale treten musste. Überall lagen schon dicke Äste auf der Straße, und Grete war froh, als sie ihre Lieben allesamt im Hause hatte. Am Nachmittag nahm der Orkan, dem sie inzwischen den Namen "Vincinette" gegeben hatten, an Stärke zu. In den Nachrichten von Radio Nord warnte der Wetterdienst vor Orkanböen bis Stärke 12 und vor einer Sturmflut. Als die Eltern zum Melken im Stall waren, saß Maria mit ihren kleinen Geschwistern im Wohnzimmer und horchte ängstlich nach draußen. Der Wind heulte schrecklich laut und drückte durch die Fenster. Er bewegte die Gardinen und blies ins Ofenrohr. Auf dem Hof wogten die Schatten der Bäume im Zwielicht hin und her. Die Kinder hatten Angst und sprachen kein Wort. Bei der nächsten starken Bö spürten sie, wie das Dach sich hob und wieder senkte. Die alten Holzbalken knarrten und knackten, das ganze Haus ächzte, es war einfach unheimlich. Maria war so froh, als die Eltern wieder aus dem Stall zurück ins Haus kamen. Nun saßen sie alle gemeinsam um den Esstisch herum und lauschten. Da, wieder eine heftige Orkanbö, dann ein dumpfes Bullern und Knirschen, ein Erzittern des Hauses, kurz ging das Licht aus und

dann wieder an, dann Ruhe bis zum nächsten Anlauf der Naturgewalt. Hermann rannte zur Hintertür und musste sich richtig dagegen stemmen, um sie zu öffnen. Draußen hörte man ihn rufen: „Die Linde, die Linde ist aufs Haus gefallen, wir haben ein Loch im Dach!" Grete lief zur Tür und begann gleich zu weinen, als sie das Ausmaß der Verwüstung sah. Der Wurzelballen der hundertjährigen Linde ragte zur Hälfte in die Höhe, der aufgeweichte Boden hatte keinen Halt mehr gegeben. Der Orkan hatte ihren Widerstand gebrochen, sie neigte sich dem Hause zu und legte die schwere Krone auf dem Reetdach zur Ruhe. Den Gesamtschaden am Dach konnte Hermann an dem Abend in der Dunkelheit noch nicht erkennen, er musste warten bis zum nächsten Morgen. Dann wollte er seine Feuerwehr-Kameraden zusammentrommeln; sie würden ihm helfen. So war es üblich im Dorf.
Maria konnte an diesem Abend lange nicht einschlafen, immer noch heulte der Sturm.
Sie begann zu singen, wie sie es immer tat, wenn sie sich beruhigen musste. „Weißt du wie viel Sternlein stehen an dem blauen Himmelszelt?"
Am anderen Morgen sollten alle erfahren, dass sich in der Nacht eine weitaus größere Katastrophe ereignet hatte, als die Familie Flüh sie im Orkan erlebt hatte: An der gesamten Nordseeküste und in Hamburg hatte es eine gewaltige Sturmflut gegeben. Deiche hatten den Wassermassen nicht Stand gehalten und waren an vielen Stellen gebrochen. Verheerende Überschwemmungen waren die Folge und große Not für Mensch und Tier. Hermann dachte erstmal nicht mehr an die fällige Bergung seiner Linde, zumal die meisten jungen

Feuerwehrmänner ins Katastrophengebiet geeilt waren. Er ließ den Fernseher angeschaltet und sah sich mit seiner Familie erschreckende Bilder an: Menschen saßen auf den Dächern ihrer Häuser oder auf Bäumen und winkten verzweifelt um Hilfe. Hubschrauber überflogen weitläufige Überschwemmungsgebiete, immer auf der Suche nach Überlebenden. Die Besatzung rettete zwar die Bewohner von Bauernhöfen, die Tiere aber waren ertrunken.

Die Menschen auf den Halligen harrten auf ihren Warften aus, mussten aber mit dem Hubschrauber versorgt werden.

In den überfluteten Straßen der Hansestadt waren Bundeswehrsoldaten in Schlauchbooten unterwegs, um erschöpfte Menschen aus ihren Häusern zu retten. Überall sah man Kadaver von toten Tieren auf dem Wasser schwimmen, von den Autos waren nur die Dächer zu sehen. Am schlimmsten aber hatte es die Menschen im Hamburger Stadtteil Wilhelmsburg getroffen, hier waren auch die meisten Toten zu beklagen. Im Schlaf von den Fluten überrascht, konnten sich ganze Familien nicht mehr in Sicherheit bringen. Sie waren nicht rechtzeitig gewarnt worden! Die große Sturmflut forderte am Ende mehr als 300 Tote und hinterließ in den betroffenen Gebieten eine Schneise der Zerstörung, deren ganzes Ausmaß erst sichtbar wurde, als das Wasser wieder abgezogen war.

Hermann hatte keine Sturmversicherung, also war keine Erstattung der aufwendigen Dachreparatur zu erwarten. Auf die Westseite hätte ein neues Reetdach gehört, aber das war zu teuer, darum ließ er dort ein günstiges Dach aus Eternitplatten decken. Jetzt teilte der First das Dach in eine Reet- und eine Eternithälfte, was den Charme der Kate stark minderte, aber auch an anderen Bauernhäusern so praktiziert wurde. Die traditionellen Reetdächer wurden allmählich zum Luxus, denn der Aufwand des Eindeckens war hoch und die Feuerversicherung teuer. So veränderte sich allmählich die Kulturlandschaft auf den Dörfern.

Schulwechsel

Maria schlief immer noch mit ihren Brüdern in einem Schlafzimmer. Sie machte ihre Hausaufgaben drüben im Wohnzimmer, in dem gleichzeitig die kleinen Jungen spielten.
Seit April 1962 besuchte sie nun die Klaus-Harms-Schule in Kappeln und hatte enorm viel Lernstoff zu verarbeiten. Bisher war dem Mädchen alles in den Schoß gefallen, nacharbeiten und üben war es nicht gewohnt; jetzt wehte ein anderer schulischer Wind. Auch in der Klassengemeinschaft hatte es Maria schwer, denn die Kinder der Großgrundbesitzer, Geschäftsleute und höheren Beamten mieden den Kontakt zu der Kleinbauerntochter. Sie wollten unter sich bleiben und zeigten das auch. Für jedes Schulfach gab es einen anderen Lehrer und manch einer von ihnen hatte seine pädagogischen Kenntnisse noch im Dritten Reich erworben. Der Klassenlehrer, Herr Paulsen, ein verklemmter Mittvierziger ohne Familienanhang, sprach sehr leise und nuschelte dabei auch noch. Darum konnte Maria seinem Deutschunterricht kaum folgen, obwohl ihr das Fach an sich lag. So erging es ihr bei vielen Lehrern. Seit der schweren Masernerkrankung hatte Maria Hörprobleme, aber niemand bemerkte es!
So auch nicht die Englisch-Lehrerin Fräulein Werner, die ihren Lehrstoff mit einem süffisanten Grinsen im Gesicht vermittelte, als ob sie sich ständig über die dummen Schüler lustig machen würde. Ihre Kleidung wirkte altjüngferlich und stand im krassen Gegensatz zu ihren grellrot geschminkten Lippen. Als Maria nun

wieder einmal etwas gar nicht verstanden hatte, zog besagte Pädagogin das Mädchen an einem Ohr quer durch die Bankreihen nach vorne zur Tafel. Das tat sehr weh, darum wehrte sich Maria mit ihren Fäusten und schrie: „Lassen sie mich los!" Fräulein Werner verlor ihr Grinsen für einen kurzen Moment, fing sich aber schnell wieder und drohte: „Das gibt einen Eintrag ins Klassenbuch, deine Eltern werden sich freuen!" Die Drohung wurde wahr gemacht, doch Hermann und Grete zeigten Verständnis für das Verhalten der Tochter. „Lass dir nicht alles gefallen!", ermutigte die Mutter.
Natürlich ereigneten sich auch schöne Schulstunden: Maria liebte den Musikunterricht bei Herrn Keller, und weil sie eine schöne Sopranstimme hatte, durfte sie im Schulchor mitsingen. Unvergessen sind die Proben für das Chorstück aus der Zauberflöte: „Bald prangt den Morgen zu verkünden die Sonn auf goldener Bahn." In der Weihnachtszeit wurde „Maria durch einen Dornwald ging" einstudiert, eine bleibende Erinnerung für das Kind. Kunstunterricht bei Frau Pahl war einmalig wertvoll. Diese Lehrerin, schon damals eine bekannte Malerin, verstand es mit ihren lockeren Unterrichtsmethoden perfekt, die Kinder für Kunst und Kultur zu begeistern. Maria nahm diese Anregungen begierig auf und schnitt von dem Zeitpunkt an aus Illustrierten Kunstbilder von berühmten Malern aller Epochen heraus. Bald hatte sie eine beachtliche Sammlung und eine gewisse Kunstkenntnis erworben.
Die Klaus-Harms-Schule war nach einem bedeutenden evangelischen Theologen benannt worden, der im 19. Jahrhundert gewirkt hatte. Dieses altehrwürdige

Backsteingebäude strahlte Sicherheit und Standfestigkeit aus. Die Sexta von 1962 war jedoch in einem behelfsmäßigen Fertigbau-Bungalow untergebracht, der etwas abseits vom Schulhof und neben dem Fahrradunterstand lag. Hier war es laut und ungemütlich. Im Sportunterricht konnte Maria auch nicht glänzen, sie wirkte unbeholfen und steif, obwohl sie durch die langen Fahrten mit dem Fahrrad durchaus trainiert war. Bei Mannschaftsspielen wurde sie selten gewählt, sie blieb übrig und das schmerzte. Das sonst so offene Mädchen zog sich mehr und mehr zurück, sie wurde unfreundlich und patzig und sackte mit ihren schulischen Leistungen immer mehr ab. Hinzu kam noch der anstrengende Heimweg, auf dem sich Maria ohne Gangschaltung am Rad, meist stehend auf den Pedalen, die langgezogenen Steigungen hoch quälte.

Mahlzeiten

Hermann liebte Buchweizengrütze über alles. Er konnte sie zu jeder Tages- und Nachtzeit essen, am liebsten mit einer Butterkuhle. Dazu grub er mit einem Esslöffel einen Krater in die Mitte der heißen Grütze und gab die Butter dort hinein. Schnell bildete sich eine hellgelbe Fettlagune, die das nahrhafte Essen noch gehaltvoller machte. Maria konnte der Lieblingskost ihres Vaters nichts abgewinnen, ihr Leben lang aß sie niemals Buchweizengrütze. Aber Großvater Theodor, der nur noch zwei schwarze Schneidezähne besaß, ernährte sich hauptsächlich von diesem Gericht aus den geschroteten Samenkapseln der Feldfrucht. Er sollte dadurch ein hohes Alter erreichen.

Wenn Maria morgens in die Küche kam, war die Mutter noch im Stall zum Melken. Das Mädchen kochte sich eine Milchsuppe mit Haferflocken und packte eine belegte Scheibe Schwarzbrot in Pergamentpapier für die Schule ein, wo in der großen Pause Milch und Kakao ausgegeben wurde.

Gegen halb zwei kam Maria aus der Schule zurück. Zu dieser Zeit waren die übrigen Familienmitglieder schon lange mit dem Mittagessen fertig. Sie wärmte ihre Portion auf dem Herd auf oder fand ihren Teller im Bett der Mutti, gut verpackt und noch warm. Die anstrengende Tour mit dem Fahrrad bewirkte einen guten Appetit. Grete richtete sich mit ihren Kochkünsten nach den Vorlieben ihres Mannes, der auch den Einkauf beim Schlachter in Kappeln erledigte. Hier hatte die junge Frau vor ihrer Heirat gearbeitet und das Kochen gelernt, nämlich bei der gutmütigen Frau des

Schlachters. Die warmherzige Thea Thom hatte eine Art Mutterstellung bei der heimatlosen Waise übernommen, und ihr Leben lang blieb sie eine treue Verbündete für Grete.

Gerichte aus der Region kamen im Hause Flüh nicht auf den Tisch. Hermann mochte diese Speisen überhaupt nicht. Umso lieber verspeiste er Steckrüben-Eintopf mit Kassler und immer gerne Frikadellen. Grete bereitete auch leckere Fischfrikadellen zu, die aus Kochfisch, Räucherfisch, Kartoffeln und Zwiebeln bestanden und zu Bechamelkartoffeln gegessen wurden. Reste vom Mittagessen bekam Hermann zum Abendbrot serviert, denn die körperlich sehr anstrengenden Arbeiten machten hungrig. Niemals wurden Essensreste weggeworfen, denn Grete hatte die Bedeutung von Hunger am eigenen Leib erfahren und ihr Vater war auf der Flucht an Unterernährung gestorben. „Es ist eine Sünde, Lebensmittel fortzuwerfen!", mahnte sie.

Sobald die roten und schwarzen Johannisbeeren reif waren, wurden sie zu Saft verarbeitet, der mit Wasser verdünnt ein beliebtes Getränk war. Im Spätsommer zog Grete mit Eimer und Schere los, um Holunderbeeren zu ernten. Dann kam auch die schmackhafte Fliederbeersuppe mit Klümp (Griesnocken) auf den Tisch, und die ganze Küche duftete nach heißem Holundersaft. Der Entsafter stand auf dem Herd und von Zeit zu Zeit füllte Grete den gewonnenen Saft in Flaschen ab. In der kalten Jahreszeit kam er bei Erkältungskrankheiten zum wirkungsvollen Einsatz.

Maria musste ihrer Mutter beim Einwecken helfen. Dafür wurden Äpfel, Birnen und Pflaumen vorbereitet und mit Zuckerlösung in die Weckgläser gefüllt und eingekocht. Im Winter gaben sie einen beliebten Nachtisch ab. Manchmal, wenn die Eltern aus waren, holte sich Maria heimlich ein Glas Obst aus der Abstellkammer und verspeiste den süßen Inhalt mit großem Genuss. Danach versteckte sie das leere Weckglas hinter den vollen Gläsern und hoffte, dass die Mutti es nicht bemerken würde.

Grete kam der Tochter allerdings schnell auf die Schliche, aber sie hielt sich mit einem Donnerwetter zurück. Das prasselte aber unerbittlich auf Maria herab, als das Mädchen die Bratpfanne ihrer Mutter ruiniert hatte. Und das kam so: Maria hatte in einer Illustrierten gelesen, wie man Sahnebonbons herstellt. Sie wollte diese Rezeptur bei nächster Gelegenheit ausprobieren und die bot sich, als die Eltern zum Feuerwehrfest ausgingen. Ihren Brüdern versprach sie einen Genuss erster Güte. Die große Schwester gab einen Stich Butter in die Pfanne und ließ sie schmelzen. Dann schüttete sie Zucker aus der Tüte dazu und rührte mit dem Kochlöffel solange bis diese Masse karamellisierte. Gebannt und in freudiger Erwartung schauten die Brüder zu. Maria zog mit dem Kochlöffel Straßen auf den Pfannenboden, und als der klebrige Inhalt braun genug war, goss sie Sahne, die sie von der Milch abgeschöpft hatte, dazu.
In der Pfanne brodelte es hoch, es zischte und spritzte. „Fertig", sagte das Mädchen. „Probiert mal." Die Jungen durften am Kochlöffel lecken. „Hmm, lecker", war die Reaktion der beiden. Nun versuchte die Sahnebonbon-Herstellerin ihr Produkt auf einen Teller zu

schütten, wie es im Rezept gestanden hatte, aber die süße Masse wollte nicht aus der Pfanne gleiten. Sie versuchte, mit dem Kochlöffel nachzuhelfen, aber auch daran blieb alles kleben. Also naschten die Kinder die warme Karamellproduktion direkt aus der Pfanne. Sie mussten sich beeilen, denn je kälter die Sache wurde, desto härter wurde sie auch. Zum Schluss hafteten die Reste der verhinderten Sahnebonbons wie Betonstreifen auf dem Pfannenboden. Sie ließen sich nicht mal mit einem Messer ablösen. Maria stand der Schweiß auf der Stirn, sie scheuerte und kratzte wie verrückt. Vergeblich! Daraufhin gab sie resigniert das Unternehmen auf und versteckte die Pfanne im Backofen, wo Grete sie am nächsten Tag entdeckte. Detlef und Andreas verteidigten ihre große Schwester vehement: "Das war doch so lecker, Mutti!" Maria wagte sich nie mehr an die Zubereitung von Sahnebonbons heran, was ihre Brüder nachdrücklich bedauerten.

Hermann fuhr nach Kappeln und kaufte bei Eisen-Jöns eine neue Bratpfanne. Er konnte seiner kreativen Tochter nicht böse sein.

Teenagerbude

Maria war unglücklich und Grete spürte das. Sie bemerkte auch, dass die körperliche Entwicklung ihrer Tochter voranschritt, die Pubertät hatte eingesetzt. Nur nannte man es damals noch nicht so. Grete drängte ihren Mann, nun endlich ein eigenes Zimmer für die Tochter auszubauen. Hermann ließ sich nicht lange bitten, denn klütern tat er für sein Leben gern. Zuerst teilte er mit Rigipswänden einen Bereich vom Heuboden ab und setzte eine Tür ein. Er wählte den Platz so, dass die beiden Gaubenfenster über der Eingangstür dem Zimmer seiner Tochter Licht gaben. In dem Hausflur installierte Hermann eine neue Holztreppe, die den Zugang zum Bodenbereich ermöglichte. Stromkabel für Steckdosen und Lampe waren schnell verlegt, und Grete setzte sich an ihre Nähmaschine, um aus einer bunten Decke Gardinen zu nähen. Nun fehlte nur noch die Einrichtung: Kein Problem in diesen Tagen, denn der Trödelhändler in Kappeln führte ein Großangebot an günstigen Möbelstücken aus dem Hamburger Sturmflutgebiet. So kam es, dass Maria an ihrem neuen Nussbaumbett anhand eines hellen Streifens den Stand des Wassers ablesen konnte, in dem das Möbelstück gestanden hatte. Aber das tat ihrer Freude keinen Abbruch. Der Vati hatte außerdem noch Nachtschrank, Kommode und ein Tischchen erstanden, und das Stübchen war fertig eingerichtet. Maria beschloss, jetzt auch einmal ihre Schulkameradin Mechthild einzuladen, ein verschlossenes Mädchen, das immer abseits stand und vielleicht an einer Freundschaft interessiert war.

Im Winter war es kalt auf ihrer Bude, denn es gab nur einen kleinen Heizlüfter als Wärmequelle, aber den durfte sie nicht so lange laufen lassen wegen der Stromkosten.

Dann legte sich Maria ins Bett und las ein Buch. Sie las überhaupt sehr viel und war ständiger Gast in der Kappler Leihbücherei. Wenn sie ein ganz spannendes Exemplar erwischt hatte, kam es vor, dass sie die halbe Nacht durch las, solange, bis die Mutti die Treppe heraufkam und den Stecker der Nachttischlampe herauszog. „Schluss für heute, schlaf jetzt", hörte sie dann. Nur eines mochte Maria überhaupt nicht: Dicke schwarze Spinnen. Wenn sie ein solches Horrorexemplar an der Zimmerdecke erspähte, schrie sie wie am Spieß: „Mutti, Mutti, eine Spinne!" Darauf kam Grete immer schnurstracks angerannt, um dem furchterregenden Getier den Garaus zu machen. Sogar der Vati ließ sich zu solchen Taten hinreißen, denn das Geschrei seiner Tochter war markerschütternd und musste schnellstens abgestellt werden.

Lag es an dem kalten Raum oder an den Fahrradfahrten im eisigen Ostwind, Maria zog sich eine chronische Nierenbeckenentzündung zu, die erst nach der Geburt ihres ersten Kindes ausheilte. Sicher ist, dass das Mädchen viel zu wenig Flüssigkeit aufnahm und dadurch das Leiden begünstigte. Sprudel, Mineralwasser und andere Getränke wurden nicht gekauft. Grete bereitete zwar Limonaden aus Johannisbeer- und Zitronensaft zu, aber das reichte bei 5 Personen nicht weit. „Trinken ist Angewohnheit", pflegte sie zu sagen, sie wusste es nicht besser.

Die Tante und andere Verwandte

Der Sommer im Jahr 1962 war ein ganz besonders schöner für Maria. Zuerst hatte sie ihr eigenes Reich bekommen und nun durfte sie das erste Mal in den Ferien verreisen. Niemand, den sie kannte, fuhr in den Urlaub. Dafür war keine Mark übrig, und schließlich mussten die Tiere versorgt werden. Die Sehnsucht nach fernen Ländern und Kulturen hielt sich in Grenzen, man fühlte sich zuhause sicher und geborgen. Außerdem gab es in der Stadtbücherei ausreichend Lesestoff, mit dem es sich in fremde Welten abtauchen ließ. Maria machte reichlich Gebrauch davon.
Doch jetzt stand ein echtes Abenteuer bevor: Das Mädchen sollte eine Woche zu seinen Verwandten an die dänische Grenze fahren. Maria war sehr aufgeregt, Tante Anni würde sie mit dem Auto abholen, allein die Fahrt quer durch Angeln Richtung Weesby versprach ein Erlebnis zu werden. Maria liebte die einzige Schwester ihres Vaters, obwohl sie nicht genau beschreiben konnte, woran das lag. Tante Anni war eine eher spröde Person, die nicht viel von ihrem Gefühlsleben offenbarte. Doch trotzdem empfand das Kind eine starke Zuneigung von beiden Seiten, eine stille Übereinstimmung. Lange vor der erwarteten Ankunftszeit stand Maria an der Straße und blickte in Richtung Kappeln, um den PKW ihrer Tante auftauchen zu sehen. Anni hatte schon kurz nach dem Krieg den Führerschein gemacht und sich einen DKW Meisterklasse F 89 P zugelegt. Der 2 Zylinder 2 Takt Motor war sehr laut und stotterte manchmal ganz fürchterlich, machte aber ohne Weiteres glatt seine 90 Kilometer

in der Stunde. Die Mutti betitelte den Wagen ihrer Schwägerin manchmal etwas salopp als „wild gewordenen Kohlenkasten", aber das war nicht böse gemeint. Dieses Auto brachte der Tante Mobilität und Unabhängigkeit, sie war damals schon so etwas wie eine emanzipierte Frau.

Als Maria den DKW ihrer Tante auf der Anhöhe erkannte, rannte sie ins Haus und rief: „Tante Anni kommt, Tante Anni kommt!" und war schon wieder draußen, um ihre Tante zu begrüßen. „Pack dien Bickbeern in", forderte die Tante auf und meinte damit, dass Maria ihre Siebensachen in einen Pappkarton packen sollte. Das war schnell gemacht, und nach einer Kaffeepause ging es los.

Anni Löwe bewirtschaftete mit ihrem Mann Jes einen kleinen Hof auf der Geest. Ertragreicher Ackerbau war nicht möglich, dafür ließen sich auf dem dunklen Sandboden gute Kartoffeln anbauen, ebenso etwas Hafer und Roggen. Der größere Teil der Flächen waren Dauerweiden, auf denen einige Milchkühe und an die 50 Schafe grasten. Im Stall grunzten 6 Muttersauen mit den dazugehörigen Ferkeln. Das Geld aber verdiente der Onkel mit seiner Holsteiner Pferdezucht. Er war darin so erfolgreich, dass sogar der berühmte Fritz Thiedemann einmal ein Pferd bei ihm erwarb. Im Dorf war Jes Löwe für seine eigenen, sehr kritischen, Ansichten bekannt. Von Fortschritt und Industrialisierung hielt er nicht viel, die Hochspannungsleitungen der Stromversorger machte er für mangelnde Bodenfruchtbarkeit verantwortlich. Seit einem Unfall durch einen herabstürzenden Balken litt der Onkel an unerträglichen Kopfschmerzen, die aber nicht behandelt wurden. Er wollte es nicht. Erst im hohen Alter, nach einer lebensbedrohlichen Situation, wurde ein Hirntumor entdeckt und erfolgreich operiert. Onkel Jes mochte Kinder und ging liebevoll mit ihnen um. Auch Maria wurde verwöhnt und beschenkt. Für die Mithilfe auf dem Hof erhielt sie jedes Mal 5 Mark und großes Lob. Dann sattelte der Onkel die lammfromme Schimmelstute Lenka und schickte das Mädchen auf einen Ritt durch das Dorf, ganz allein und ohne Sorgen. Maria war mächtig stolz.

Sie bekam auch die Zügel des Gespanns in die Hände gedrückt, wenn der Bauer mit Pferd und Wagen und seiner Nichte auf dem Kutschbock zum Landhandel fuhr.

Im Kaninchenstall war gerade Nachwuchs angekommen, natürlich schenkte Jes dem Mädchen auch zwei junge Stallhasen, die es mit nach Hause nehmen durfte. Es war eine unbeschwerte Zeit, nur ein wenig getrübt durch die Neckereien ihres 15jährigen Cousins Uwe, der Spaß daran hatte, seine kleine Cousine aufzuziehen. Seine ältere Schwester Antje war schon auf einem Lehrbetrieb untergebracht, um die landwirtschaftliche Haushaltsführung zu erlernen. Mit ihren 16 Jahren hatte sie schon einen festen Freund und würde diesen zwei Jahre später auch heiraten. Am Wochenende kam sie nach Hause und schlief dann zusammen mit Maria auf einem Klappbett in der Wohnstube. Tagsüber wurde dieses Bett nach oben geklappt und von einem Vorhang verdeckt. Tante Anni war eine gute Köchin, und Maria schaute ihr zu und guckte sich einiges ab. Zum ersten Mal im Leben konnte sie Hammelfleisch mit grünen **Bohnen probieren, und es** schmeckte ihr. Am Nachmittag ging es zum Himbeerpflücken in den Garten, wobei natürlich mehr Früchte in Marias Mund landeten als im Körbchen. Danach baute sich das Mädchen den Liegestuhl mit der Segeltuchbespannung auf. Gar nicht so einfach, das Holzgestell richtig aufzuklappen, und als Maria sich genüsslich hinlegen wollte, brach der Aufbau in sich zusammen. Darauf folgte ein Aufschrei, denn zwischen den Holzleisten war eine zarte Kinderhand eingeklemmt worden. Fortan machte Maria einen großen Bogen um ähnlich geartete Konstruktionen.

Einmal ließ sich Uwe herab, seine kleine Cousine mit zum Angeln zu nehmen. Da saßen die beiden Kinder einträchtig und mucksmäuschenstill nebeneinander am Weesbyer Teich und warteten auf den Hecht, der schlau genug war, den Wurm zu verschmähen. Lange hielt Maria dieses Schweigen am Wasser nicht aus, und so kam es, dass das Angelerlebnis mit Uwe eine einmalige Aktion blieb.

Tante Anni verarbeitete die Wolle der eigenen Schafe selber. Sie besaß einen Webstuhl und stellte damit Brücken und Bettumrandungen her. Abwechselnd wob sie weiße und braune Schafwolle ein, wobei die weiße Wolle den größeren Anteil ausmachte. Auf diese Art und Weise entstanden weiche Bodenbeläge, die aber ihr Leben lang einen gewissen Duft nach Schafstall verströmten. Maria streifte über die Koppeln und suchte sich die Wollfetzen von den Stacheldrahtzäunen zusammen. Vielleicht konnte sie zuhause mit ihrem Kinderwebrahmen einen Miniteppich weben.

Die Woche in Weesby ging wie im Fluge vorbei, und als am Sonntagabend die Eltern ankamen, um Maria abzuholen, war diese fast ein wenig enttäuscht darüber, dass es schon wieder nach Hause gehen sollte. Diesmal hatte sie zwei Pappkartons im Auto zu verstauen, einen mit ihren Klamotten und einen weiteren mit Luftlöchern und einem winzigen Kaninchenpärchen. Der Zucht waren jetzt Tür und Tor geöffnet, aber Hermann blickte dieser Sache mit eher gemischten Gefühlen entgegen. „Kümmerst du dich auch selber um die Tiere?", fragte er seine Tochter. „Darf ich nächstes Jahr wiederkommen?", fragte sie Onkel und Tante. Beide Fragen wurden positiv beantwortet.

Maria verbrachte in den nächsten Jahren immer wieder eine Woche der Ferien in Weesby, Hermann aber war bald gezwungen, das Ausmisten und später auch das Füttern einer immer größer werdenden Kaninchenschar zu übernehmen. Soviel zum Wort halten!

Veränderungen

Ausgerechnet zur Haupterntezeit im August 62 wurde das Wetter unbeständig. Hermann hatte seinen Roggen gemäht und in Stiegen stehen, als Dauerregen einsetzte. Tagelang prasselte es von oben, und der Wetterbericht verkündete keine Aussichten auf ein Hochdruckgebiet. Verzweifelt schaute Hermann auf seine Felder und ihm schwante: Wenn nicht bald eine Schönwetterperiode einsetzt, dann fahre ich eine Missernte ein. Der Hafer hatte schon mächtig Lagerdruck und hing mit seinen Rispen im Dreck. Der Weizen färbte sich jeden Tag dunkler und würde bald keine Backqualitäten mehr haben. Am schlimmsten aber war es um den Roggen bestellt, denn man konnte schon vereinzelt die kleinen rötlichen Keimlinge in den Ähren erkennen und mit jedem Regentag bildete sich mehr Auswuchs.
„Wie soll ich die Rechnungen begleichen, wenn ich kein Qualitätsgetreide abliefern kann?", dachte der Landwirt sorgenvoll. Das Schlechtwettergebiet wollte nicht weichen und die Kieler Landesregierung forderte Bundeswehrsoldaten an, die den Bauern beim Einbringen der Ernte helfen sollten, wenn die Witterung es zuließ. Diese Hilfe erhielt die Familie Flüh nicht, sie war wohl mehr den Großagrariern vorbehalten. Nach der Schule half Maria ihren Eltern, wo sie nur konnte, sie spürte den existenziellen Druck, der auf ihnen lastete und machte sich Sorgen. Als sich das Wetter besserte, war der Roggen war nicht mehr zu retten, er wurde gleich auf dem Feld ausgedroschen und später an die Schweine verfüttert. Hermann bestellte für die

Weizenernte zum ersten Mal den Lohnunternehmer, der mit einem Mäh-Dresch-Binder von Claas aufs Feld kam. Diese von einem Traktor gezogene Maschine war ein Vorläufer der selbstfahrenden Mähdrescher. Das ausgedroschene Getreide wurde noch auf dem Mähdrescher in Säcke gefüllt, wie an der Dreschmaschine. Darum war es notwendig, dass ein Mann auf der Maschine mitfuhr, um gefüllte Getreidesäcke abzunehmen und leere zu befestigen. Das Stroh kam als handlich gebundene Ballen aus der Erntemaschine heraus. Auf diese Weise wurden drei Arbeitsschritte gleichzeitig abgewickelt und sparten Zeit und Kräfte ein. Maria brachte zusammen mit ihren Brü-dern den Kaffee zu den Männern aufs Feld. Fasziniert beobachteten die Kinder den Arbeitsablauf der Maschine, die sich, begleitet von gewaltigen Staubwolken und ohrenbetäubendem Lärm, durch das Getreide fraß. „Nun müssen wir nur noch das Stroh einfahren", dachte das Mädchen und war froh darüber.

Hermann ließ auch den Hafer auf diese Weise abernten. Der brachte aber keinen rechten Ertrag mehr, zu viele Rispen lagen auf der Erde und konnten von der Haspel der Maschine nicht so aufgerichtet werden, dass sie vom Schneidwerk erfasst werden konnten. Hermann verkaufte seinen Selbstbinder, um die Rechnung des Lohnunternehmers zu begleichen. Im nächsten Jahr würde er wieder diese Erntemaschine bestellen, denn einige Bauern im Dorf hatten sich schon einen Selbstfahr-Mähdrescher angeschafft und boten Lohndrusch an.

Nach dieser Missernte sah Hermann die Existenz des kleinen Hofes massiv bedroht, und er saß abends am

Schreibtisch über seinen Büchern, rechnete und grübelte, sprach aber nicht offen über seine Sorgen. Maria spürte sehr wohl die gedrückte Stimmung ihres Vaters, sie registrierte das verheulte Gesicht der Mutti, wagte aber nicht zu fragen. Sie ahnte jedoch, dass die Eltern gravierende Geldsorgen hatten.

Da bahnte sich unverhofft eine Lösung für die finanzielle Situation der Familie an: Der Milchkontrolleur des Dorfes wollte endlich in den Ruhestand gehen. Er erzählte Hermann davon und schlug ihm vor, sich für den Posten zu bewerben. Dann hätte er ein regelmäßiges Einkommen und würde sich eine gute Rente aufbauen können.

Hermann war sofort Feuer und Flamme und bewarb sich beim Landeskontrollverband in Kiel um den Posten. Er wurde eingestellt, geschult, legte eine Prüfung ab und bekam sofort einen größeren Bezirk zugeteilt. Fortan fuhr Hermann zu den Milchviehbauern der Region, um die Milchleistung der Kühe zu prüfen, den Fettgehalt der Milch festzustellen und um Proben zu nehmen, die den Hygienestatus beurteilten. In diesem Zusammenhang hörte Maria zum ersten Mal den Ausdruck „Streptokokken" und dachte, dass es sich um etwas zum Kochen handelte.

Grete hatte nun viel mehr Stallarbeit zu bewältigen, aber sie beklagte sich nie. Abends half sie ihrem Mann, die Listen mit den Milchleistungen der Kühe auszufüllen. Diese wurden dann zum Landeskontrollverband geschickt und ausgewertet. Schon 1967 stellte der Verband die Erfassung seiner Daten auf ein Lochkartensystem um. Da half schon Maria, später auch die Brüder, beim Ausfüllen dieser kleinen Pappkarten mit, und machte mit einem Spezialstift kurze Striche in die entsprechenden Spalten. Der Erzeugermilchpreis lag damals bei ca. 0,33 DM pro Liter je nach Fettgehalt und Sauberkeit, die Verbraucher zahlten für die Vollmilch etwa 0,50 DM. Davon konnten die Milchviehbauern ganz gut leben, wenn sie eine entsprechende Herdbuchzucht hatten und auf Hygiene achteten.

Marias Vater war jetzt Nebenerwerbslandwirt geworden, alle Familienmitglieder hatten zwar mehr Arbeit, aber ihre finanzielle Lage hatte sich verbessert.

Im Herbst 1962 war die lang ersehnte Wasserleitung fertig geworden. Hermann hatte sofort eine Zapfstelle mit Spülstein in der Küche anlegen lassen und die ganze Familie probierte sofort den Wasserhahn aus. Niemand musste mehr bei Wind und Wetter nach draußen zur Pumpe gehen. Nun war die Erfüllung des Traums vom eigenen Badezimmer nicht mehr weit: Die Speisekammer wurde umfunktioniert. Der Fleischermeister Thom gewährte Marias Eltern einen Vorschuss auf das Schlachtvieh und die Baumaßnahmen konnten beginnen. Hermann machte fast alles selber, nur die Installation ließ er vom Handwerker legen. Er hob die Gruben für das Dreikammersystem aus, er verputzte und fliese die Wände und den Boden, brachte die Sanitäreinrichtung an und war am Ende mächtig stolz auf sein himmelblaues Werk. Er hatte auch für den Anschluss einer Waschmaschine gesorgt. Mit riesigen Schritten hatte der Fortschritt Einzug gehalten und zu einer Verbesserung der Lebenssituation geführt. Maria war überglücklich, sie brauchte nun nie mehr auf den unangenehmen Abort gehen.

Fahrtenschwimmen

Im Frühsommer 1963 lernte Maria endlich das Schwimmen. Sie hatte sich die Arm- und Beinbewegungen von ihren Freunden abgeguckt und in der kleinen Badebucht in Karschau immer wieder geübt, bis das Schleiwasser sie endlich trug. Jetzt traute das Mädchen sich auch, zum öffentlichen Freibad nach Kappeln zu fahren, um dort die Freischwimmerprüfung abzulegen. Die städtische Badeanstalt war im östlichen Teil des Kappler Hafens angelegt worden. Die Badefläche wurde an zwei Seiten durch Holzbrücken begrenzt und zur offenen Schlei durch Seile und Bojen, damit die Schwimmer nicht hinaus in die Fahrrinne gerieten. Es gab auch einen Dreimetersprungturm.

So oft es ging fuhr Maria in diesem Sommer mit ihrem Fahrrad zum Schwimmen ins Freibad, hier war immer mächtig was los, hier traf sich die Jugend und hatte Spaß.

An einem Tag Ende August hatte das Mädchen die spontane Idee, noch kurz vor dem Ende der Saison den Fahrtenschwimmer-Schein zu machen. Zwar war das Wetter nicht ideal, nämlich bedeckt und kühl, aber wenn Maria sich etwas vornahm, dann gab es kein „Wenn und Aber". Die halbe Stunde im Wasser würde sie schon durchhalten. Sie meldete sich beim Bademeister an, der sich in sein Büro oberhalb der Liegewiese zurückgezogen hatte, aber durch ein großes Fenster das Bad im Blick hatte. „Dann schwimm man los", sagte er zu Maria, „ich ruf dich raus, wenn die Zeit um ist." Im Freibad war nichts los, zwei Jungen spielten auf der Liegewiese mit einem Ball, und im Wasser zogen zwei ältere Damen mit Badekappen ihre Bahnen. Maria ging in die Umkleidekabine und stieg kurze Zeit später über die Treppe ins Wasser. Es war empfindlich kalt. Sie stieß sich ab und schwamm bis zum Seil, dann wieder zurück und in die andere Richtung, darauf an den Stegen entlang und bis zur Boje. Bei ihrer nächsten Runde sah Maria, wie die beiden Damen, wahrscheinlich Freundinnen, gemeinsam aus dem Wasser stiegen. Sie war nun ganz allein im Bad, nur das Rufen der spielenden Jungen klang noch herüber. „Ruhig und langsam weiterschwimmen", dachte das Mädchen, „bloß nirgends anfassen!" Es linste zum Fenster des Bademeisters hinauf, es war nichts zu erkennen. Maria schwamm ein wenig schneller, sie musste gegen die Kälte anschwimmen, die sich in ihrem Körper ausbreitete. Ihr Zeitgefühl verschwand, sie hatte keine Ahnung davon, wie lange sie schon im Wasser war: „Hoffentlich ruft mich der Bademeister bald heraus!" Sie schwamm tapfer weiter, Boje, Steg, andere Seite und noch einmal. Allmählich ließen die Kräfte nach und die Kälte begann zu schmerzen. „Die Zeit muss doch um sein, ich schwimm schon so lange", dachte das Mädchen. Es begann zu rufen: „Hallo, hallo, kann ich rauskommen?" Keine Antwort. Maria schwamm näher ans Ufer, um die Jungen aufmerksam zu machen, aber die waren samt Ball verschwunden. Sie versuchte es noch einmal mit Rufen, aber nichts geschah. Sie riss sich zusammen und schwamm und schwamm. „So guck doch her, du blöder Bademeister!", sprach das Mädchen zu sich und plantschte mit Armen und Beinen. Am Fenster zeigte sich niemand!

Noch eine letzte verzweifelte Schwimmrunde und Maria entschloss sich, aus dem Wasser zu steigen. Sie war blau gefroren und zitterte am ganzen Körper, die Zähne schlugen heftig aufeinander. In aller Eile zog sie sich trockene Sachen an; zum Glück hatte sie auch eine Wolldecke dabei, die sie um sich schlang. Ihre Zähne klapperten noch immer, als sie im Büro des Bademeisters erschien, der sich in angeregter Unterhaltung mit einer blonden Dame befand. „Ach, du Schreck, dich hatte ich ja ganz vergessen", ließ sich der Herr verlauten.

Dabei klang er eher überrascht als schuldbewusst. „Bekomme ich jetzt meinen Fahrtenschwimmer?", fragte Maria.

„Ja, klar!", antwortete der Schwimmmeister forsch, „du bist ja dreimal solange geschwommen wie nötig, aber vorher musst du noch vom Dreimeterbrett springen. Ich guck auch hin." So geschah es, dass Maria sich erneut in die nassen Badesachen quälte und vom Turm in die kühle Schlei sprang. Sie brachte nicht nur das Fahrtenschwimmzeugnis mit nach Hause, sondern auch eine schwere Erkältung. In Frei- und anderen Bädern sah man Maria nie mehr und an den Ostseestrand begab sie sich nur noch zum Sonnenbaden.

Pubertät und Attentat

Maria hatte immer öfter Zoff mit ihrer Mutter. Meist ging es nur um Kleinigkeiten: eine patzige Antwort, Unordnung im Zimmer, das Vergessen von Pflichten. Es gab Streit über Marias Haarfrisur, über Nagellack an den Fingern und über die „Bravo", die das Mädchen sich hin und wieder vom Taschengeld kaufte. Grete fand, dass diese Zeitschrift unanständig und Jugend verderbend sei. Sie hatte auch Probleme damit, ihre Tochter aufzuklären und über intime Dinge mit ihr zu sprechen, obwohl sie bemerkte, dass das Mädchen sich zusehends körperlich entwickelte. Maria holte sich die nötigen Informationen aus dem Gesundheitslexikon, das im Bücherschrank stand. Gefühlsmäßig war sie einem ständigen Wechsel unterworfen. Es gab Tage voller Tatendrang und Euphorie und andere, an denen sie sich sehr erschöpft und traurig fühlte. Dann hockte sie auf ihrem Zimmer und grübelte über die Menschen und ihr Verhalten nach. Schulisch kam sie so gerade noch mit und schaffte 1963 die Versetzung nur mit Ach und Krach. Manchmal konnte sie sich nicht aufraffen, die Hausaufgaben zu machen. Die wurden dann in der Pause auf dem Klo abgeschrieben. Einmal wurde das Mädchen dabei erwischt und wieder flatterte ein blauer Brief ins Haus. Grete regte sich fürchterlich darüber auf, beschimpfte ihre Tochter: „Dein Verhalten ist unmöglich, was ist nur mit dir los?" Maria fühlte sich ungeliebt und unverstanden, begriff nicht, warum sie alles verkehrt machte. Sie zog sich zurück. Dabei konnte sie nicht ahnen, dass auch die Mutti große Probleme hatte. Denn Grete war wieder schwanger! Es ging ihr nicht gut, sie war gereizt und überfordert und nun machte auch noch die Tochter Probleme. Ein weiteres Kind hatten Hermann und sie nicht geplant, es lief gerade ganz gut im Betrieb, auch weil sie überall mit anpackte. Aber sie hatte ja keine Wahl, sie würde dieses Kind bekommen und lieben wie die anderen Drei.

Diesmal erzählten sie den Kindern, dass ein Geschwisterchen ankommen würde. Maria war ganz aus dem Häuschen, freute sich auf das Baby und versprach der Mutti: „Ich helfe dir beim Wickeln und Füttern, ganz bestimmt!"

An den Nachmittagen traf sich Maria jetzt häufig mit Mechthild. Gemeinsam konnten sie mit ihrer Außenseiterrolle zurecht kommen, sie tauschten sich aus und waren sich nah. Dann wechselte Mechthild die Schule und Maria hörte nichts mehr von dem Mädchen.

Zum Glück fand das Mädchen andere Freundinnen. Mit Conny ging sie am Dienstagnachmittag zum Chorsingen und fand liebevolle Aufnahme am Mittagstisch in Connys Familie. Mit Karen und Maria Jensen verbrachte sie schöne Nachmittage auf dem elterlichen Bauernhof der Geschwister in Niesgrau.

Am Freitag, dem 22. November 1963 fuhren die Eltern zur Spargeldauszahlung in die Gaststätte „Boddelhoch". Maria wollte sich einen gemütlichen Fernsehabend machen und kuschelte sich ins Sofa. Vorher sah sie noch nach den Brüdern, die schon im Bett lagen, nun hatte sie herrliche Ruhe. Aber der erwartete Krimi wurde nicht gezeigt. Stattdessen flimmerte immer wieder die gleiche Szene über den Bildschirm: In einer offenen Luxuslimousine kletterte eine Frau mit Hut aus dem Fond des Wagens in Richtung Kofferraum und streckte eine Hand aus. Dann wurde eine Wagenkolonne gezeigt und eine große Menschenmenge, die am Straßenrand stand. „Was war da passiert?", fragte sich das Mädchen. Da erschien der Nachrichtensprecher auf dem Bildschirm und sagte mit ernster Miene: „Auf den amerikanischen Präsidenten ist ein Attentat verübt worden, John F. Kennedy wurde von mehreren Schüssen getroffen und ist ins Dallas Hospital eingeliefert worden, er wird operiert, sein Zustand ist kritisch!" „Das ist ja schrecklich!", dachte Maria, „diesen sympathischen Präsidenten, der im vergangenen Sommer noch in Deutschland war und vor dem Schöneberger Rathaus ‚Ich bin ein Berliner' verkündet hatte, wollte jemand umbringen!"

Sie konnte es nicht fassen. John F. Kennedy war in Deutschland sehr populär und beliebt, jedes Kind kannte und verehrte den Präsidenten der USA. Sie hatte die Tagesschau gesehen, die von seinem Besuch an der Mauer berichtete.

Aufgeregt verfolgte Maria die weiteren Nachrichten. Immer wieder zeigte man Szenen, auf denen der Präsident und seine Frau aus einem Flugzeug stiegen. Dann wieder Wagenkolonnen und Menschenmassen am Straßenrand. Sie sah Leute, die wegrannten, Polizisten und verstörte Gesichter. Dann kam der Zeitpunkt, als der Sprecher auf dem Bildschirm erschien und vom Tod des Präsidenten sprach:

„Auf den amerikanischen Präsidenten John F. Kennedy ist ein Attentat verübt worden, die Ärzte konnten sein Leben nicht retten, er ist an den schweren Schussverletzungen verstorben." Dann wurde ein Bild vom

Hospital gezeigt und die dichte Menschenmenge davor.

Maria war mit den Nerven am Ende, sie musste unbedingt mit jemandem reden, aber mit wem? Sie weckte ihren Bruder Detlef, riss ihn aus dem Tiefschlaf und versuchte ihm begreiflich zu machen, was passiert war. Obwohl schlaftrunken, erkannte der kleine Junge schon, dass sich etwas Ernstes ereignet hatte, aber er konnte der Schwester keine große Hilfe sein. Kurzentschlossen suchte die sich im Telefonbuch die Nummer der Gaststätte heraus und rief dort an: „Guten Abend, hier ist Maria Flüh, bitte holen sie meinen Vater ans Telefon." Hermann war ziemlich schnell in der Leitung: „Na, was ist, mien Deern?" „Vati, Kennedy ist ermordet worden, ich bin ganz aufgeregt!" „Das hat uns der Wirt schon erzählt, bleib ganz ruhig, wir kommen gleich nach Hause."

Kurze Zeit nach diesem schockierenden Ereignis bekam Maria zum ersten Mal ihre Tage. Sie war durch Gespräche mit Klassenkameradinnen darauf vorbereitet, auch die entsprechende Lektüre war hilfreich gewesen, nur die Mutti reagierte mit Besorgnis: „Nun bist du auch eine Frau und hast jeden Monat diese Maleschen, hüte dich bloß vor den Männern, du kannst jetzt schwanger werden!" Kein Wort davon, dass es schön wäre, eine Frau zu sein. Marias Regel wurde daraufhin schmerzhaft.

Zum Weihnachtsfest bekam Maria ein Geschenk, mit dem sie nicht gerechnet hatte: Es handelte sich um einen Karton mit rosa Lockenwicklern und einen Haartrockner, an dem man eine aufblasbare Trockenhaube befestigen konnte. Diese **bestand aus** einem Plastikschlauch mit einem ballonähnlichen Kopfteil. Den Fön konnte man auf einem Ständer befestigen.

„Ich wünsche mir so sehr, dass du endlich mal eine ordentliche Haarfrisur bekommst!", erklärte die Mutti das ungewöhnliche Geschenk. Maria war begeistert und versuchte gleich am nächsten Morgen, ihre dünnen, naturkrausen Haare zu einer annehmbaren Frisur zu formen. Das Ergebnis konnte sich sehen lassen. Danach drehte sie ihrer Mutter die Haare auf und toupierte und frisierte, was das Zeug hielt. Sie legte dabei einiges an Geschick an den Tag, und schon bald kamen auch die Nachbarinnen zu Maria, um sich die Haare legen und frisieren zu lassen. Für jede Frisur erhielt das Mädchen ein kleines Taschengeld, das es eifrig in die Spardose steckte.

Maria veränderte sich zu ihrem Vorteil. Die neue Frisur machte sie hübscher und dadurch auch selbstbewusster. Grete hatte eine tolle Idee gehabt: Ihre Tochter sollte sich nie wieder von ihren Lockenwicklern trennen.

Familienzuwachs

Grete sehnte den Entbindungstermin herbei. Sie war nun 38 Jahre alt und hatte mit vielen Beschwerden zu kämpfen. Das ständige Sodbrennen setzte ihr zu, sie hatte Verdauungsbeschwerden und Schmerzen in den Beinen. Nachts konnte sie kaum schlafen, aber tagsüber bewältigte sie die gleichen schweren Arbeiten wie eh und je. Sie hatte außerdem große Ängste hinsichtlich der Entbindung. Ihre Mutter war bei der Geburt ihres letzten Kindes gestorben, und die war im gleichen Alter gewesen wie sie jetzt. Damals war Grete 14 Jahre alt gewesen, sie hatte alles hautnah miterlebt, auch den Tod des Babys.

Maria beobachtete die Mutti mit Besorgnis. Sie half ihr, wo sie nur konnte und sie bemühte sich sehr, ihre eigenen Probleme im Griff zu haben. Das gelang nicht immer, aber patzige Antworten, Türen knallen und Streitgespräche wurden seltener. Dafür weinte sie still für sich auf ihrem Zimmer, wenn ihr danach zumute war.

Grete und ihre Tochter dachten sich Vornamen für den Familienzuwachs aus. Die Mutter erkor Michael oder Thomas zu ihren Favoriten, Maria schwärmte für Beate, Susanne und Norbert. Sie fragte: „Warum hast du keine Mädchennamen auf der Liste? Denkst du, dass es wieder ein Junge wird?" „Ach", erwiderte die Mutti, „ich wünsche mir einen Sohn, denn Jungen sind nicht so kompliziert wie Mädchen!"

Dass Maria verletzt war, zeigte sie nicht, sie dachte nur: „Manchmal bin ich wirklich etwas merkwürdig in meinem Verhalten."

Der Winter 1964 wollte sich nicht verabschieden. Und in der Nacht zum 4. März hatte es wieder leicht geschneit. Als Maria um 13.30 Uhr aus der Schule kam, sah sie gleich die frischen Fahrradspuren auf dem Hofplatz im Schnee. Da wusste sie sofort, dass sich die Mutti im Krankenhaus befand, denn die Spuren konnten nur von Tante Irmas Rad kommen. Und richtig, die Nachbarin stand in der Küche am Herd und sorgte für ein Mittagessen. Detlef und Andreas saßen schon erwartungsvoll am gedeckten Tisch, der Vati war nicht zu sehen. „Moin, Maria", sagte Irma, „deine Mutter ist seit heute Morgen in der Margarethenklinik und bekommt das Baby, dein Vater ist gerade zu ihr gefahren." Nun hieß es, aufgeregt auf seine Rückkehr zu warten. Hermann erschien zur Melkzeit mit einem glücklichen Gesicht und verkündete stolz: „Kinder, ihr habt einen kleinen Bruder bekommen, ein Prachtkerl sage ich euch, Mutti möchte, dass er Thomas heißt." Maria und ihre Brüder bestürmten den Vati mit Fragen: „Wie sieht er aus? Wann können wir Mutti besuchen? Wann kommen sie nach Hause?" „Morgen Nachmittag fahre ich mit euch ins Krankenhaus, dann könnt ihr Mutti besuchen und das Baby sehen", versprach Hermann seinem Nachwuchs.
Der Besuch in der Klinik war enttäuschend für die Kinder: Den kleinen Bruder bekamen sie kurz hinter einer Glasscheibe gezeigt und zur Mutti durften sie nur wenige Minuten, denn die Oberschwester rauschte ins Wöchnerinnenzimmer und kommandierte: „Kinder dürfen sich nicht auf der Entbindungsstation aufhalten, sie könnten Krankheiten mitbringen!" Maria nahm ihre Brüder an die Hand und wartete draußen.

Grete blieb eine Woche in der Klinik. In dieser Zeit kümmerte sich Maria nach der Schule um Detlef und Andreas. Das Mädchen räumte auf, putzte die Wohnung und bereitete das Abendbrot zu. Es spülte das Geschirr und brachte die Brüder zu Bett. Hermann vertraute seiner Tochter und ließ ihr freie Hand.

Die Jungen mussten parieren, Maria führte ein strenges Regiment! Sie duldete keinerlei Unordnung.

„Alles soll hier schön aussehen, wenn Mutti nach Hause kommt", erklärte sie den Jungen; und die litten unter der Fuchtel der großen Schwester.

Zum Mittagessen gingen Hermann und Andreas zu Tante Irma, Detlef kam nach der Schule auch dorthin und für Maria, die spät aus der Schule kam, wurde eine Portion mitgegeben, die der Vater in ein Handtuch eindrehte und unter ein Federbett schob, damit es warm blieb. Es war eine Selbstverständlichkeit auf dem Land, dass man sich bei Krankheiten, Todesfällen und Geburten gegenseitig half. Die Männer hatten keine Ahnung vom Kochen und hätten es auch unter ihrer Würde gefunden, am heimischen Herd zu stehen.

In der Nacht zum 6. März weckte Hermann seine Tochter. „Steh auf, Maria, du musst mir ein altes Bettlaken heraussuchen und in den Stall bringen. Bring auch warmes Wasser und Seife mit, Dr. Brogmus macht gleich einen Kaiserschnitt bei Alma, wir bekommen das Kalb nicht raus." Noch schlaftrunken zog sich das Mädchen an und fand im Wäscheschrank der Mutter ein etwas fadenscheiniges Laken. Dann holte sie sich einen Eimer und befüllte ihn in der Badewanne, nahm schnell die Seife, schlüpfte in ihre Gummistiefel und eilte in den Kuhstall. Als sie hinter die

Kühe trat, rasierte der Tierarzt gerade die linke Flanke von Alma, dann wusch er sich gründlich die Hände und strich danach eine rotbraune Flüssigkeit auf die kahle Kuhhaut. Hermann nahm seiner Tochter das Laken ab und breitete es über die Kuh, die ganz still stand. Maria trat ein paar Schritte zurück, denn sie wollte nicht noch einmal ein Malheur erleben, beobachtete aber das Geschehen. Dr. Brogmus erfühlte durch das Laken die richtige Stelle an der stehenden Kuh und setzte das Skalpell an. Maria dachte: „Jetzt bloß nicht hinsehen" und drehte sich zu den anderen Kühen um. Die waren alle aufgestanden und klirrten mit ihren Anbindeketten. Einige glotzten herüber, sonst war alles still; nicht einmal die tragenden Sauen im Stall nebenan machten Lärm. Es war noch nicht ihre Futterzeit.

„Hermann halt das Gekröse zurück", befahl der Tierarzt in ruhigem Ton, „so ist es gut, ich bin jetzt an der Gebärmutter, die hat sich verdreht, so konnte das Kalb nicht raus. Pass auf, ich zieh an den Knochen, hilf mir!" Maria linste nun doch neugierig nach hinten und sah, wie Dr. Brogmus zwei Beine herauszog, der Vater mit zupackte und schwupps, ein Schwall Wasser platschte auf den Stallboden, mit Hermanns Hilfe ein schmieriges braunes Kälbchen heraushob und neben die Kuh legte. Hermann ging dem Tierarzt weiter zur Hand und sagte zu Maria: „Reib das Kälbchen trocken, damit es zu sich kommt!" Das ließ sie sich nicht zweimal sagen, schnappte sich ein Büschel Stroh und machte sich an dem schleimigen Kälbchen zu schaffen. Zuerst rieb sie das Maul und die Nase sauber, dann den nassen Körper des Tieres. Das hustete und schnäuzte und versuchte sich aufzurichten, was noch nicht gelang. Das Köpfchen fiel prompt zurück auf die Vorderbeine. Maria rieb und scheuerte weiter, holte frisches Stroh und sprach beruhigend darauf ein: „Komm schon, steh auf, du bist jetzt auf der Welt, guck mal, da ist deine Mutter." Und siehe da, es klappte! Während Dr. Brogmus die Kaiserschnittwunde zunähte und Hermann ihm half, stellte sich das Bullenkälbchen auf seine eigenen vier Beine, natürlich gleich auf der Suche nach dem Wichtigsten in seinem jungen Leben, dem Euter von Alma. Aber das wurde nicht erlaubt, denn Alma war noch narkotisiert und schließlich eine Milchkuh und keine Ammenkuh. „Halt es fest, gleich bringe ich es in den Kälberstall!", war die Anweisung des Vaters. Eine Stunde später verließ der Tierarzt den Hof, das Licht im Stall war gelöscht und Maria ging endlich wieder schlafen.

Doch vorher bekam sie ein dickes Lob vom Vater: „Du hast prima mitgeholfen, Kind, ich bin stolz auf dich!"

Am 12. März holte Hermann seine Frau und den neugeborenen Sohn aus der Klinik nach Hause. Alles war wunderbar vorbereitet worden.

Hermann hatte das kleine weiße Kinderbettchen vom Speicher geholt, Maria hatte es gesäubert und Matratze und Kissen bezogen. Die Wohnung war mollig warm und ordentlich aufgeräumt und auf dem Wohnzimmertisch stand ein Tulpenstrauß. Hermann hatte eine Überraschung für seine Frau: Er zog sie ins Badezimmer, dort stand, zwischen Wanne und Toilette, eine nagelneue Waschmaschine. „Du sollst es jetzt einfacher haben mit der Babywäsche."

Maria nahm den kleinen Bruder sofort unter ihre Fittiche. Sie fühlte sich weniger als große Schwester, sondern eher als eine Art Zweitmutter für das Baby. Nachdem sie sich alles bei der Mutti abgeschaut hatte, übernahm sie das Füttern und Wickeln von Klein-Thomas völlig selbständig. Sie kannte sich in Wundpflege aus und wie ein Bäuerchen produziert wurde. Sie vergaß nie, das Köpfchen zu stützen und legte das Baby zum Schlafen abwechselnd auf die rechte und linke Seite. Beim Fläschchengeben achtete sie immer auf die richtige Temperatur, indem sie einen Tropfen Milch auf den Handrücken gab und die Flasche an die Wange hielt. Maria hatte für ihre Puppen nie viel übrig gehabt, aber das lebendige Wesen bekam ihre ganze Zuneigung und Zuwendung. Das Mädchen war noch keine 13 Jahre alt, aber mit großen Schritten unterwegs in das Leben der Erwachsenen. Am Ostersonntag fotografierte Hermann seine Kinderschar im Sonntagsstaat. Maria hatte den kleinen Thomas im Arm und Detlef und Andreas saßen rechts und links von ihr auf dem Sofa. Ein harmonisches Bild!

Großvater Theodor wird seinen neuen Enkel erst sehen, wenn der laufen kann und vor dem Haus in Erscheinung tritt. Dann wird der alte Mann, wie so oft, hinter der Gardine am Fenster stehen und seine Nachkommen beim Spielen beobachten. Dies mit einem Anflug von Freude, zu der sich sogleich die Trauer gesellt über all das, was schief gelaufen war.

Im Leben kann man nichts zurückdrehen, alles ist ständig im Fluss.

Aufbruch

Am 8. Juli 1966 feierte Maria ihren 15. Geburtstag. Alles schien so wie in jedem Jahr. Die Gartenwege waren sorgfältig geharkt worden, die Erdbeertorte stand auf dem Kaffeetisch und die Freundinnen aus dem Dorf fanden sich pünktlich zur Feier ein. Doch die Spiele der Kinderzeit waren nicht mehr interessant. Stattdessen legten die Mädchen die Schallplatten auf, die sie Maria als Geschenke mitgebracht hatten. In der Küche hörte Grete daraufhin einen Chor kräftiger Mädchenstimmen, die lauthals „Marmor, Stein und Eisen bricht" grölten und immer wieder ein donnerndes „dam, dam." Dann wurde es etwas ruhiger, die Platte wurde gewechselt, um in ein gemeinsames „Schuld war nur der Bossa Nova" einzustimmen. Maria mochte diese Musik eigentlich nicht, sondern bevorzugte eher die englischsprachige Beatmusik. Von ihrem Konfirmationsgeld hatte sie sich ein eigenes Radio gekauft und konnte nun bis spät in die Nacht die entsprechenden Sender hören, ohne dass ihr Vater schimpfte: „Mok dat Gehotte ut!" Besonders gern träumte sie zu Sonny und Chers „I got you babe" oder bei einem Song der Beachboys. Die Zeit der Beatles ging mit „Yesterday" schon dem Höhepunkt entgegen und von den Rolling Stones bevorzugte sie „Under the bordwalk." Unter den Freundinnen stach ganz besonders hervor, wer den folgenden Beatgruppennamen fehlerfrei aufsagen konnte: „Dave Dee, Dozy, Beaky, Mick & Tich." Maria gelang dies immer auf Anhieb.

Die Geburtstagsgesellschaft zog sich auf Marias Zimmer zurück. Da blätterte man gemeinsam die neueste

Ausgabe der Bravo durch, um auf der Seite von Doktor Sommer neugierig und kichernd hängen zu bleiben. Maria hatte schon einen Freund gehabt, einen Mitkonfirmanden, mit dem sie einträchtig, Händchen haltend, zum Konfirmandenunterricht gegangen war. Das Fahrrad hatten die beiden jungen Leute dabei geschoben. Es war auch zu einem ersten Kuss gekommen, dem Maria aber nicht soviel abgewinnen konnte. Zum Unterricht im Pastorat war sie immer gern gegangen. Pastor Müller war ein warmherziger verständnisvoller Pastor, der selber Vater von vier Heranwachsenden war. Er fand die richtigen Themen für die Jugend und hielt sich nicht nur mit Bibelsprüchen auf. Natürlich wurde auch auswendig gelernt und gesungen, aber es blieb noch Zeit für Diskussionsrunden über Gott und die Welt. Maria dachte immer wieder gern an diese Zeit zurück. Für die Konfirmationsfeier hatte Hermann den Wohnraum seiner Familie verändert. Er brach zwischen Wohn- und Elternschlafzimmer eine Mauer heraus und erweiterte so das Wohnzimmer, um für eine größere Gesellschaft Platz zu haben. Von nun an schliefen Grete und er auf einer Schlafcouch im Wohnraum.

In der Bravo wurde inzwischen weiter geblättert, die Seite mit den Fotos von Pierre Brice war faszinierend für die Teenager. Seitdem er der große Star in den Winnetou-Verfilmungen war, schwärmten alle Mädchen und Frauen für den dunkelhaarigen Franzosen mit dem reizenden Akzent. Wie auch seiner Filmpartnerin Marie Versini war ihm der Goldene Otto der Bravo verliehen worden. Als nächstes wurde über die neueste Mode diskutiert, die, von England ausgehend, auf den Kontinent und damit auch auf das prüde Deutschland herüberschwappte.

„Schaut mal, wie kurz das Kleid von Twiggy ist, damit kann sie sich wohl kaum bücken", meinte Maria, an ihre Freundinnen gewandt. „Mary Quant trägt die Röcke noch kürzer", wusste Karen zu berichten, „meine Mutter würde mir verbieten, so herumzulaufen."

„Ich finde auch den Courreges-Stil aus Frankreich schick, alles ist quadratisch und schwarz-weiß, richtig modern", erklärte Helga den Mädchen. Vor einem Jahr hatten sie zur Kindergilde noch romantische Empire-Kleider getragen, mit erhöhter Taille und Spitze auf der Büstenpartie. Mode ändert sich schnell.

Maria hatte die Erlaubnis ihrer Eltern, hin und wieder ins Strandhotel zum Jugendtanz zu gehen. Er fand an den Sonntagnachmittagen statt und war das Ereignis für die Jugendlichen der Region. Für zeitgemäße Musik sorgte immer eine Life-Band, die mit Beat und Rock'n Roll für gewaltigen Zulauf auf der Tanzfläche sorgte. Bei den so genannten Schmusesongs wurde auch schon mal die Beleuchtung ausgeschaltet, nur die Kerzen auf den Tischen gaben ein schummriges Licht ab. Wenn Maria sich für den Jugendtanz zurechtmachte, toupierte sie ihre dünnen Haare kräftig an, um einen voluminösen Oberkopf zu erhalten. Das machten jetzt fast alle Mädchen, manche hatten gar Bienenkorb-Frisuren wie Marika Kilius auf dem Eis. Es galt als schick, mit dem Pinsel einen dicken schwarzen Lidstrich auf das Oberlid zu malen. Maria beherrschte diese Technik schon ganz gut, kriegte aber jedes Mal großen Ärger mit ihrer Mutter, die dann immer mit energischen Worten eingriff:

„Wisch das sofort wieder ab, du siehst aus wie eine Nutte!", schimpfte Grete, und das Mädchen musste sich fügen, damit es ausgehen konnte. Miniröcke kamen gar nicht in Frage, der Saum musste kurz oberhalb der Knie enden. Da wusste Maria sich zu helfen, sie krempelte kurzerhand den Rockbund zweimal in der Taille um, wenn sie das Haus verlassen hatte.

Über diese und andere Probleme diskutierte die kleine Geburtstagsgesellschaft, bis sie schließlich, nach dem Abendbrot, auseinander ging.

Vom 1. April bis zum 30. November gab es in Schleswig-Holstein ein Kurzschuljahr, dem noch ein weiteres folgen sollte, mit dem Ziel den Schulanfang, einheitlich in der gesamten Bundesrepublik, vom Frühjahr auf den Sommer zu verlegen. Somit hätte Maria im Herbst 66 ihrer Schulpflicht von 9 Jahren genüge geleistet. Grete sprach immer häufiger davon, dass die Tochter nicht mehr weiter die Schulbank drücken, sondern eine Ausbildung beginnen sollte. An ein Studium nach dem Abitur war aus finanziellen Gründen sowieso nicht zu denken, und Maria hatte auch nicht mehr die rechte Lust auf Schulunterricht. Sie hatte sich auf der Klaus-Harms-Schule nie wohl gefühlt und stimmte dem Vorschlag ihrer Mutter zu. Außerdem lockte die Vorstellung doch sehr, eigenes Geld zu verdienen. Im Frühsommer hatte sie sich auf dem Feld des großen Gutshofes 120 Mark beim Rübenhacken verdient. Das Mädchen hatte sich schon frühmorgens um 5 Uhr auf den Weg zum Acker gemacht und noch vor Schulbeginn einige Reihen geschafft. Maria wusste, dass sie sich vor der Arbeit nicht bange machen musste, sie war feste Pflichten schon lange gewohnt.

Am 1. Dezember 1966 wurde Kurt Georg Kiesinger Bundeskanzler einer großen Koalition und trat damit die Nachfolge von Ludwig Erhard an. Und Maria machte sich mit dem Fahrrad auf den Weg zu ihrem ersten Ausbildungstag als Bürokaufmann in dem großen Kappler Möbelhaus. Sie trat in die Landjugendgruppe ein und übernahm schnell den Posten als Schriftführerin. In der Freizeit half sie nach wie vor ihren Eltern. Marias Kindheit war unwiederbringlich zu Ende, aber sie hatte einen guten Grundstock, um im Leben zurechtzukommen. Sie hatte gelernt Verantwortung zu übernehmen und Mitgefühl zu empfinden. Maria freute sich auf die kommenden Jahre. Sie würde offen, neugierig und positiv ins Leben gehen.

Marias Kindheit ist unwiederbringlich vorbei.

Inhalt

Danksagung   6
Vorwort   7
Nur ein Mädchen   11
Vier Jahre später   16
Vorschulzeit   23
Einschulung   28
Verantwortung   31
Schulalltag   34
Der blaue Fleck   38
Milchvieherlebnisse   41
Nachbarschaftsschicksale   45
Im Dienste der Feuerwehr   48
Hula, Heu und Hacke   50
Der Besuch   54
Die Großeltern   56
Die Kindergilde   64
Endlich Sommerferien   69
Erntezeit   74
Weihnachtszeit 1959   77
Der Jahreswechsel 1959/1960   85
Ein strenger Winter   88
Unfälle und Krankheiten   91
Ausflüge   95
Grenzen und Fortschritt   100
Handel   105
Sturmzeit   109
Schulwechsel   113
Mahlzeiten   116
Teenagerbude   120
Die Tante und andere Verwandte   123
Veränderungen   127
Fahrtenschwimmen   131
Pubertät und Attentat   134
Familienzuwachs   139
Aufbruch   145